科学から信仰へ

——その必然性を探る——

永井四郎　著

翔雲社

はしがき

私はこれまで四十数年間、理論経済学の研究に携わってきました。私にとって理論経済学とは、「時代を超えて経済社会を貫く軸を探求する学問」です。私はそのように確信し、世界（宇宙）の秩序（絶対性）と経済社会の秩序（可変的で価値体系に依存し、何らかの形でその秩序が市場に反映される）を取り込んだ研究をしてきました。そこで私は前者をN（Nature）構造、後者をM（Market）構造と名づけ、両構造を視野に置いた理論、すなわちM－N構造理論の必要性を著書や論文、そして大学院の講義の中で提唱してきたのです。例えば使用済核燃料のリサイクル技術は、特に日本のようなエネルギー資源の少ない国ではきわめて要請度が高く、これまで膨大な研究開発コストが投じられてきました（M構造）。しかし未だにその技術は開発できていません。それは自然界の秩序（N構造）が、研究開発の成功を阻止しているからです。もちろん将来、新たな知識が加えられて開発に成功することを否定できませんが、それもN構造の領域に属する問題です。

これまで人類はさまざまな技術を開発し、それがもたらす便益によって、私たちは便利で快適な生活を享受しています。N構造はある秩序の下で維持されていますが、一旦、M構造の働きが過度になりますとN構造下の秩序が攪乱されます。地球環境問題は、その典型的事例と言えましょう。このようにN構造とM構造は密接な関係にあります。

N構造下における具体的秩序を探ることは、私にとって専門外の分野でしたが、あえて挑戦することにしました。そこには生命科学、遺伝子工学、そして量子論・相対性理論を含む地球物理学の世界が待ち構えていました。こうした学問の成果を取り込んでいく過程で、私は以下の二つの点に注目しました。

（ｉ）生命科学や遺伝子工学、そして地球物理学は経済学、心理学、社会学など人間が創造した学問とは一線を画している。それらは人間が絶対性を観察し、推論して構築した学問である。

（ⅱ）Ｎ構造下に存在している無数の秩序は、相互に「人間が地球上でその生を維持している」という事実と深く関わっている。

第二の点は、宇宙創成は偶然によるか、それとも設計者（神）によってデザインされたものかという問いにつながっていくでしょう。読者の中には「自分は無神論者なので、宇宙創成はもとより地球に生命が誕生したのも、そうなるべくしてなった偶然の結果だと考える」と言う人、あるいは「人間には判断できないことを考えるのは非生産的だ」とする人もおられるでしょう。

私たちは三次元空間（時間軸を入れれば四次元時空）に身を置いていますから、その空間の中で思考し行動しています。したがって、五次元や一〇次元といった高次元空間を想定することは困難です。けれども現代の地球物理学では、「ブレーン宇宙モデル（宇宙は一〇次元空間に浮かぶ薄い膜）」、すなわち「私たちの宇宙」には〇・一㎜の距離（異次元における距離）をおいて「影の宇宙」が存在するという仮説が提起されています。三次元ブレーン内にいる私たちは「影の宇宙」に移動することはできませんが、重力であれば互いに伝わることができます。重力を介して何らかの物質が「影の宇宙」から私たちの宇宙空間に漏出しているという仮説は、地球物理学者の間で広く知られています。

私たちの宇宙の構成要素のうち九六％は正体不明の物質でできています。私たちが認知できるバリオン（陽子や中性子）を成分とする元素は、宇宙空間にわずか四％を占めるにすぎず、残りの九六％は正体不明の物質（暗黒物質・暗黒エネルギー）なのです。暗黒物質は目で確認できませんが、重力を周囲に及ぼし、あらゆる物質を貫通すると考えられています。実際、アメリカの物理学者たちのあるグループは、廃鉱となった炭鉱の竪穴を利用し、地球をも貫通すると言われる暗黒物質を捕らえようと特殊な装置を使って観測しています。日本でも岐阜県飛騨地方に観測装置が建設され、鈴木洋一郎教授（東京大学）の研究チームが挑んでいます。この謎の物質やエネルギーがなければ、地球上での私たちの生が維持できないことも明らかにされています。暗黒物質の解明によって人類は何処から来て、何処に向かっていくか、哲学的神学的問題に進展していくだろうと言う物理学者もいます。暗黒物質は科学的根拠に基づいて、その存在が明らかにされた実体なのです。

このように三次元空間に置かれている私たちには想像を絶するような世界が現実宇宙で展開しているのです。もちろん科学は万能ではなく、限界があります。本書は、その限界を十分に考慮しつつ、科学から信仰（聖書に基づく信仰）への必然性を読者諸氏と共に考えてみたいという趣旨で書かれたものです。けれども読者の中には、そんな必然性など飛躍し過ぎており、論理的にもあり得ないと思われる方がおられるでしょう。そのような方々は、本書の叙述を疑いの目で、あるいは批判的視点から読んでいただきたいと思います。

序論では科学とは何か、科学的に思考することの意味を考えます。

第1章では進化論と創造論について、先入観を取り払った白紙の状態で両者の比較考量がなされます。そして考古学や遺伝学の成果を利用し、自然哲学的思考に立って進化論と創造論の統合がなされます。その結果、旧約聖書の「創世記」（第4章—第8章）に新しい解釈を試みます。

第2章ではキリスト教の確立、およびキリスト教神学における「科学と宗教」論議、特にその対立と融和について大まかな流れを確認します。さらにそうした議論を踏まえて、現代科学の課題について考えます。

第3章の中心テーマは、現代地球物理学が明らかにした事実（第1節—第3節）について、私たちがどのように受け止めるべきかを考えることです。多くの科学者たちは、宇宙が神によってデザインされたとする考えを非科学的であるとして拒否します。つまり彼らの主張は「人間は偶然に生まれたのだが、今現在をわれわれが生きているという事実から、宇宙は人間が生存していけるように創成されたと言わざるを得ない」というわけです。すなわち「神によるデザイン」観は、偶然を必然に置き換えてしまうトリックによって生じたと言うのです。この論理には重大な欠陥がありますが、第3節で詳しく論じられます。

第4章では、私たち人間が何処から来て何処に向かっているかという問題がテーマになります。聖書はこの問題に対して明確に応えていますから、まずそれを仮説として設定します。次に第3章（第1節―第3節）における現代科学の成果に基づいて、聖書仮説を検証するという仕方で進めます。ところがこの段階にきますと、読者から次のような声が聞こえてきそうです。「そんな方法は科学ではない。テーマそのものも科学の対象としてふさわしくない。しかも聖書に基づいて仮説が設定されるとなれば、それは科学の範疇を超えた信仰の領域である。」この問題については、序論および第1章での議論を踏まえて第4章本文で考えることにします。

第5章では、私たちが前章の検証結果を受け入れるか否かという問題が扱われます。それは私たちがなすべき選択の問題です。ですから本書は「人間が生を受けた以上、一度は真剣に選択すべき問題」を読者の皆さんと共に考えてみようという意図を含んでいます。

これまで歴史に残る研究を成し遂げた多くの科学者たちが、信仰への道を選択しています。次頁に「パスカルの定理」で知られた数学者、ブレーズ・パスカルの祈りを掲げて、はしがきを閉じることにしましょう。

二〇一六年七月

麗澤大学　研究室にて　著者

私の意思をみこころのままに（パスカルの祈り）

主よ。今から、あなたのご用のために、あなたとともに、
あなたにおいて、役立てる以外に私が健康や長寿をいたずらに願うことがありませんように。

あなたおひとりが、わたしにとって何が最善であるかをご存じです。
ですから、あなたがご覧になって、最もよいと思われることをなさってください。
私の意思をあなたのご意思に従わせてください。

そして、へりくだった、まったき従順の思いをもって、きよらかな信仰を保ちつづけ、
あなたの永遠の摂理によるご命令を受け取ることができますように。

そして、またあなたから与えられるすべてのものを賛美することができますように。

目次

序論

科学的思考について

第1節　科学的に思考する

(1) 科学とは何か

私たちは日常生活で「科学」という言葉をよく耳にしますが、改めて「科学とは何か」と問われますと戸惑うのではないでしょうか。科学は、扱う対象が自然現象か社会現象かによって、それぞれ自然科学、社会科学に区分されています。ここではその区分を取り払い、広い意味での科学概念に焦点を当てることにします。

私はこれまで社会科学の分野で研究を続けてきましたが、自然科学にも適用できる以下の定義を提言します。

科学とは、見えざる存在を、見える存在として認識することを可能ならしめる営為である。

ここで「見える存在として認識する」とは、五感（見る、聞く、嗅ぐ、味わう、触れる）を用いた思考、および五感以外の何らかの感性（直感、理性、知性など）の働きによってその存在を認識できることを意味します。したがって、ある仮説によってこれまで説明できなかった現象が理路整然と説明できるようになった場合、その仮説は理論的に実証されたのであり、上の科学の定義に合致しています。二〇世紀前半、世代間遺伝の事実は明らかでしたが、その仕組が全く解明されていませんでした。ところが、「遺伝子」という何らかの分子の存在を仮定すると、遺伝の仕組が明確に説明できたのです。この段階で、遺伝子仮説は理論によって実証されたのです。二〇世紀後半になるとDNA分子が発見され、この仮説の正しさが判明しました。

私たちを取り巻く世界で生起する現象には、比較的簡単に仮説の検証が可能なものと、遺伝子仮説のように何年か先にならないと検証されない場合があります。あるいは検証不可能な仮説もあるでしょう。私はこの世界にはむしろ検証不可能なケースが圧倒的に多いのではないかと感じています。

ですから、ある事象について複数の仮説が提起された場合、どれがより優れた仮説かという問題になるのです。「優れた仮説」は、これまで説明できなかった事象をより的確に矛盾なく説明できるようになったかどうかという基準に立って判断されます。ですから、**科学は「より良い仮説」を探求する営みである**とも言えるのです。

（2）科学的思考とは何か

ある思考過程が科学的であるかないかを判断する基準について考えてみましょう。一般に科学の方法論には演繹的方法と帰納的方法があります。前者の典型的例としては、三段論法（大前提として「すべての動物は死ぬ」、小前提として「すべての人間は動物である」としたとき、「すべての人間は死ぬ」という結論を引き出す）が挙げられます。演繹的推論では、前提が真であれば必ず結論も真になります。それに対して帰納的推論とは、ある事象について観察された事実に基づき事象の本質（見えざる存在）を推論する方法です。このように帰納的方法によって導出された結論は仮説です。さらにこの仮説の下で（この仮説を正しいとみなして）演繹的方法によってある結論に至った場合、それは必ずしも真であると断定できません。帰納法によって導出された仮説は、正しいかどうか分からないからです。それではこうした仮説演繹法は無意味なのでしょうか。決してそんなことはありません。このような操作を繰り返していく過程で、より優れた仮説に到達する可能性が高まるからです。科学的思考とは、以上のような手続きを通して事象の本質を突きとめようとする営みです。

科学的思考について語る場合、今一つ重要な考え方があります。それはカール・ポパーによって提唱された「反証主義」です（ポパー［35］）。ポパーは、仮説を正当化する方法は存在し得ず、したがって理論的仮説であっても、それは推測にすぎないという見解を提起したのです。また彼は、科学的仮説と非科学的仮説の相違は、経験的なテストにかけることができるかどうかという点にあると指摘します。科学的仮説は、厳密な経験的テストにかけることができますが、それによってたとえ肯定的結果が導かれたとしても、それはただ単に仮説の反証ができなかったということ以外の何物をも意味しないと言うのです。すなわちポパーによれば、いかなる仮説も反証のみが可能なのです。反証不可能なものは科学ではないということになります。しかし、度重なる厳しいテストによっても反証されない仮説は、それによって検証されたとは言えないにしても、高い確度での現実妥当性を有していると考えられます。言わばそれは、理論としてのテストに耐えている仮説として信頼度が高まるのです。ここで科学的要件である「経験的テスト」とは、その仮説を通して見えざる存在を見える存在として認識するために用いられる手段を意味します。

三木清は、科学の精神が国民の間に行きわたること、すなわちある知識に到達するための物の見方、考え方の普及が重要であるとし、「科学の生活化」を主張しています。さらに、自然現象だけでなく社会現象をも科学的に見ていくことができるのでなければ、真に科学的精神を把握したことにはならないと述べています（三木［37］四二七―四三〇頁）。三木の言う「科学の精神」とは、「科学的に思考する」ことです。この言葉はとても深い意味を含んでいます。

数年前、ある医師が教会で牧師の説教を聞いていました。「キリストは乙女マリアから生まれました」という牧師の言葉を聞いて「自分も医者の端くれだ。そんなバカげた話にはついていけない」と言い残して教会を去って行きました。彼の行動は科学的思考に基づいた結果だったのでしょうか。そうではありません。彼は「処女受胎は医学上起こり得ない現象である」という知識に支配されていたのです。換言しますと「この世界には人知で計り知れない事象の方が、人が認識できる事象をその数においてはるかに超えている可能性がある」という科学的精神の欠落がその医師にあったと言わざるを得ません。

さあ、ここまで話が進みますと、読者の中には「それでは、桃から生まれた桃太郎の話はどうか」と問う方がおられるのではないでしょうか。聖書の処女受胎はおとぎ話とは違って、以下の二つの重要な意味を含んでいるのです。

（ⅰ）私たちは宇宙空間において、人知で計り知れない現象や物質の存在可能性を否定できない。
（ⅱ）処女受胎でなければならなかった根源的理由がある。

この医師は（ⅰ）を前提に据えながら、（ⅱ）について聖書を通して探究すべきであったのです。そうすることで「処女受胎仮説」によって何が説かれているかが明確化するのです。その上で仮説を受け入れるか否かを判断すること、それが科学的に思考する態度であり、三木が指摘する意図でもあるのです。この医師のように「処女受胎など科学的でない」と、はね返す態度こそ非科学的なのです。そうは言っても「多忙な日常生活の中、そんな余裕はない」と思われる方がおられるでしょう。しかしながら、長い歴史を刻んで現在もなお多くの人々に読まれている聖書を、上の動機に基づいて（ⅱ）の根拠を探ってみようという気持になられると幸いです。人知で計り知れない何かが伝わるかもしれないのですから……。

第2節　科学の限界を知る

「反証主義」は、科学的推論によっては真理に到達できないことを暗示しています。なぜならば、真理は反証不可能なはずだからです。それでは、真理とは何なのでしょうか。それは一言で表せば、「時空を超えて変化しない絶対なるもの」です。真理をそのように捉えた場合、「科学や学問は限りなく真理に向けて働きかける営みである」ということになります。けれども一方で、人間は何が真理であるかを判断する基準を具備していませんから、具体的に「真理に向けて働きかける」ことはできません。ですから、真理であるかどうかを判断できる絶対基準が私たちに必要とされているのです。それは人間による科学の営みからは得られません。本書はそうした科学の限界を踏まえつつ、普遍的絶対的基準がどこに、そしてどのようにして存在するかを探求する書物です。一見矛盾するように思えるでしょうが、決してそうではありません。

科学者で哲学者の戸田山和久は、「科学は答えることのできる問題だけを問うものであるから、放っておくと系統的にある種の問題（社会・経済・文化的リスクなど科学によって扱いにくい問題）を無視するようにできている」と述べています（戸田山［19］二二〇頁）。この見解に立って考えますと、人間による科学の営みから得られない絶対基準を求める行為であっても、それが「答えることのできる問題」である限り科学の範疇に属すると判断できるのです。ただし、その場合、どのような手段で答えることができるかが問われるでしょう。その手段が人間の手によるものであるならば、「答えることのできる問題」から除外されるべきだという見解が生まれるでしょう。本書は、その手段を聖書に求めています。ですから、「聖書は神の霊感によって書かれた書物である」という仮説（これは「信仰」と置き換えることもできます）の下で議論がなされます。ただし、この仮説は非演繹的方法によって導かれたものですから、この種の議論は方法論上「仮説演繹法」に属します。したがって、そこから出てくる結論は必ずしも真理であるとは限りません。問題はその仮説を受け入れ、現代科学の成果に基づいて演繹的推論を進めたとき、どのようなことが説かれるか、その結果、私たちの生がどのように展開していくかということに注目すべきです。こうした一連のプロセスを追跡した後で、科学方法論上では必ずしも正しいとは言えない仮説を受け入れるか否かを決断すればよいのです。そうして受け入れる決断をした場合には、その人にとってその仮説は真理となるのです。

一般に「信仰レベル」に属する命題を仮説として扱って論ずる方法は、「科学」ではない、または「疑似科学」であると考えられています。特に反証例を挙げることができない、または曖昧な内容に仮説が設定される場合がそれです。

創造論では「人および天地万物は神によって創造された」という仮説を立てて議論を展開しますが、その論法について戸田山は、以下のように批判します（戸田山［19］二四頁）。ダーウィン進化論は一つの理論であって「事実（一〇〇％確かなもの、未来永劫変わらないもの）」ではない。創造論者は不確実であやふやな理論に基づいて、理論と事実を二分しており、科学方法論上危険である。進化論も創造論も理論であり、仮説にすぎない。科学が扱っているものはすべて理論であって、よりよい理論にしていくことが科学の目的である。明らかに進化論の仮説の方が「より良い」仮説である。

その場合の「科学」とは一体何でしょうか。科学は誰のためにあるのでしょうか。私が本書で科学的思考にこだわっているのは、決して科学という言葉から伝わる何らかの権威に依拠して何かをなそうとしているためではありません。また、宗教（信仰）そのものが科学であると言っているのでもありません。「科学から信仰へ」と言うとき、科学と信仰の間には大きな段差があるのです。その段差とは、私たちの「選択」ないしは「決断」を意味します。したがって、私たちは［科学→聖書→選択→信仰］（科学的思考を通して聖書を学び、そこに真理があると確信して信仰の道を選択する）、または［科学→聖書→選択→不信仰］（科学的思考を通して聖書を学び、そこに真理はないと判断して信仰の道を選択しない）のいずれかのグループに属することになるのです。

一方で、私を含めて多くのクリスチャンは［聖書→選択→信仰］（聖書に接する機会を得て、そこに真理があると確信し、信仰の道を選択する）という過程を踏んでいます。このように一般的に「真理であることの確信」は、科学の領域を超えたところでなされます。すなわち、科学と信仰は全く別の領域なのです。ところが視点を変えますと、実はかなりの部分で共通領域を有することが分かります。この点については第3章で考えましょう。

（注）聖書では、信仰は与えられるものだとされています。ここで「信仰の道を選択する」とは、その人が信仰の道を歩みたいという意志を持つということです。

第1章

進化論・創造論の統合と「創世記」新釈

第1節　議論に先立って

私は長年、社会科学の世界に身を置いてきた者ですが、いつも個（部分）と全体の関係に注意を向けていました。それぞれの個が全体を考慮することなく行動しつつも、全体としてある方向に収束していく、しかもその過程で何らかの秩序の働きが確認されるのです。私は進化の問題を考える時も、この視点が必要になると感じています。進化とは、何十万年、何百万年という時を経て生物が変化する現象です。その場合、地球上における生物全体の一構成要素である「種」という概念が重要になります。種は同一種に属する個体間によって再生産され、存続していきます。

現在、地球上には、分類学上約一五〇万もの種の存在が確認されています。進化論者は、およそ三五億年前に地球上で単純な生物が初めて誕生し、その後長い時間を経て多数の種が生成発展して現在に至ったと主張します。また進化論では「生物は生物から生まれる」という命題を大前提としますから、最初の生物は自然発生したと考えます。その場合、一種の生物が発生したという説（単系発生説）と二種以上の異なった生物が発生したという説（多系発生説）があります。

ここで重要なことは、人間も他の生物と同様に進化の過程を踏んで現在の姿になったとされている点です。私は進化論の専門家ではありませんが、この点については第5節で、人類学や考古学、そして最近の遺伝子研究の成果を考慮に入れて検討します。人間と人間以外の動物の違いについて一般的には、①直立二足歩行、②道具の使用、③頭が大きい、とされていますが、私はそれらを人間であることの決定的特徴とは考えてはいません。チンパンジーも簡単な道具を使用することは野外観察で確認されています。何百万年の間には直立歩行し、簡単な石器を利用したり、死者の埋葬や、それに花を手向けたりする「ヒト科（上記三条件を満たす類人猿の呼称）」と呼ばれる動物が出現し、その後何らかの理由で絶滅したと想定されます。例えばネアンデルタール人などのヒト科は、ＤＮＡ分析の結果、人類とは「縁のない間柄」（赤澤［1］一八頁）であることが分かっています。人間が人間であることの決定的特徴は、「たましい」の働きの源である霊性を具えていることです。霊性は、神との交わりを可能にするもので、人間だけに与えられた潜在的能力です。ただし進化論者は、それらの能力は類人猿から進化しつつある過程の中で獲得していったものだと言うでしょう。本章では、こうした問題を科学的思考に立って論じます。

第2節　ダーウィン進化論と突然変異

チャールズ・ダーウィンが『種の起源』を刊行した一八五九年は、まだ遺伝の仕組みが明らかにされていない時代でした。そうした中で、彼は生物の「変異」と「適者生存」を柱とする「自然淘汰説」を提唱しました。

変異に関してダーウィンが注目した点は、野生状態と飼育栽培を比較したとき、後者の方が変異が大きいという事実でした。その理由の一つは、人間による栽培や囲いに閉じ込めて飼育すると、生活条件の些細な変化に敏感な生殖器官の機能が大きな影響を受ける点です。例えば、動物を囲いの中に閉じ込めた状態で自由に繁殖させることはきわめて難しく、雄と雌の交尾の後、出産に至るケースは少ないことが観察されるとしています（ダーウィン［16］上二九頁）。

次に変異を起こす理由として「習性」が挙げられています。例としては、ある場所から気象条件の異なる別の場所に植物を移植すると開花期が変化するような場合です。また、習慣的に牛や山羊の乳を搾っている地方では、乳を搾らない地方に比べて家畜の乳房が遺伝的に大きく発達しているという事実です。ここで重要なことは、遺伝しない変異は考慮に値しないという点です。ですから変異の原因は、親の生殖因子が受精前に影響を受けることにあるとダーウィンは考えたのです。

ところで、自然淘汰が蓄積するための素材として「個体差」が重要です。同一種に属する個体であってもすべて同じ型にはまるものではなく、生理学的あるいは分類学的に見て変異しているケースを多く挙げることができるとダーウィンは述べています（ダーウィン［16］上九一頁）。ここで問題となるのは、種がきわめて多くの変異を見せる場合、種と変種の区別がつきにくいという点です。種としての特徴を示してはいても、別の種に類似しているとか、別の種に移行する中間的な段階である可能性を否定できないためです。ただし、明確な変種（ダーウィンはこれを「発端種」と呼んでいます）を生み出すのは、最も繁茂している種、すなわち「優占種（世界中に広く分布していると同時に、それぞれの土地で最も広く分散し、個体数が最も多い種）」です。最も多くの子孫を残すことができるのはすでに優先している種であり、その土地の他の居住者との闘争で有利な立場に置かれていることが必要です。こうした議論を経て、彼は自然淘汰における「生存闘争」の役割に論を進めます。

発端種が紛れもない種（同じ種のうちの変種どうしの場合と比べ、それ以上に明白な違いを示すもの）へとどのようにして変わるのか、その答えは生存闘争にあるとダーウィンは主張します。どのような原因で生じた変異であっても、そしてわずかな変異であっても、その種の個体にとって利益をもたらすのであれば、その個体の生存を助け、子孫に受け継がれていく、すなわち「遺伝」という強力な原理を伴うというのです。どの種でも多数の個体が定期的に誕生しますが、生き残る個体は少数です。すなわち、この世界に存在するすべての生物は、個体数をできるだけ多く増加させるべく闘争し、闘争することで生き抜いているのです。十分に速く走ることのできるシマウマは、ライオンに食われることなく生き延びますが、速く走れないシマウマはしだいに死に絶えていくでしょう。したがって、速く走るシマウマだけが生き残り、子孫を残して現在のような速く走るシマウマに進化してきた……これが自然淘汰であり、生存闘争による適者生存なのだとダーウィンは論じるのです。わずかな変異でも個体にとって有益ならば保存され、不利な変異は排除されるという原理、これが「自然淘汰の原理」なのです。

自然淘汰の作用する仕方は、ライオンとシマウマに見られるような弱肉強食の関係のほか、気候変化もあると考えられます。気候の変化は食物の減少として現われ、個体間の激しい闘争を生むからです。その結果、気候変化が起こった土地に住む生物の構成比が変わり、絶滅する種が出ることになるでしょう。これはどんな種でも、変異した子孫が構造を多様化して有利になれば、他の生物が占めている土地に侵入できるようになることを意味しています。

自然淘汰は、親との関係で子の形態を変更したり、子との関係で親の形態を変更したりするもので、個体それぞれの形態がその共同体の利益になるように適応させられているのです（ダーウィン［16］上一六三頁）。ここで重要なことは、種の数は自然界の経済秩序によって制限されるという点です。したがって、優位な変異を遂げた変種が劣位な種を絶滅させていくという淘汰の過程が見られるのです。変種とは、種が形成される中途段階の形態です。種は移行していることを確認できないほど緩慢な変化によって他の種から分岐したものとするならば、移行途中の中間段階にある変種がいたるところで見つかるはずであり、自然は混乱に満ちた状態になっていると考えられますが、実際にはそうではなく、種が明確に定義できるという事実について、ダーウィン自身、『種の起源』第6章「学説の難題」で、「難題ではあるが自分の学説の致命傷にはならない」と述べています。この点についてホワイトヘッドは、「生物学的進化論は、それだけでは自然に見出される峻別された類と種をわれわれに期待させないであろう。様々な個体が、偶然にある典型的形態に群がっているかもしれない。しかしそこには中間的諸形態がほとんど完璧に欠如している。」と批判しています（ホワイトヘッド〔33〕第一〇巻一六三頁）。ただしダーウィンは、移行段階にあたる変種の発見が少ないという事実は、新たな種が競合相手となる自分より劣った原種や他の種類に取って代わり、やがては滅ぼしてしまう、すなわち生物種がそれぞれ未知の種類の子孫であるという見方をした場合、一般に原種も移行段階にあるすべての変種も、新しい種類の形成が完了するまでの過程で根絶させられるからだと説明しています。その痕跡が地中に埋まっているのが見つからないのは、地質学的不完全さによるというわけです（ダーウィン〔16〕上二九六頁）。しかしながら、種分化（新種の発生）の証拠がこれまで見出されていないという事実は、ダーウィン進化論の弱点であると言わざるを得ません。

二〇世紀に入って遺伝学が急速に進歩しました。オランダの生物学者ド・フリースは、完全に純粋種のものの子孫であっても、「飛び離れた変化（変化が大きいというのではなく、変化が起こらないものと変化が起こった少数のものとの中間の形のものが全くない、すなわち不連続な変化）」をしたものが、ごく少数（何万に二つとか三つの割合）出現することを突き止めたのです。フリースはこれを「突然変異」と名づけました。突然変異は何らかの遺伝物質に起こった変化であり、遺伝することが分かっています。ところが先のダーウィンのライオンとシマウマの事例は、小さな連続的偶然変異です。それは遺伝物質の構造に基づくものではありません。すなわち速く走るシマウマの子孫からも、速く走れないシマウマが出てくる可能性（その逆のケースも含めて）が証明されたのです。したがって今日、連続的偶然変異に基づくダーウィンの自然淘汰説は、「突然変異による自然淘汰説」に修正されています。突然変異は、不適者を絶滅させ最適者を生き残らせることにより自然淘汰がなされ、種を生み出す鍵の役割を担っているのです。ですから突然変異が起こらない限り、種は変化しようがなく、突然変異を無視して進化は説明できないということになるのです。ただし、突然変異による自然淘汰説が成立するためには条件があります。突然変異をなした個体の方が、それを身につけない個体よりも子孫を残す可能性が高いということです。すなわちそこには、両者の間に何らかの選択（淘汰）が作用していなければならないということです。現在の進化論は、このように突然変異を介した自然淘汰として認識されています。

遺伝学者は、突然変異はランダムに起こるとしていますが、近年、量子論の発達によりそのメカニズムが解明されています。ごく小さな物質のかけらにすぎない受精卵の核は、その生物体の将来の生長のすべてを内蔵する込み入った暗号文を含む高度な秩序を持つ原子結合体であることが分かってきたのです。この構造に含まれる原子の個数はそれほど多くなくても、無数の可能な配列状態を作り出すことができます。生殖細胞の「支配的原子団」のうち、ほんの少数の原子が位置を変えるだけで、目で確認できる個体の遺伝的特徴に明確な変化が起こるのです。「ほんの少数の原子が位置を変える」……これが突然変異の仕組みなのです。しかしなにゆえ位置を変えるのか、この問いに対しては量子論も答えを出せません。シュレーディンガーは次のように述べています。「生物体が秩序の流れを自分自身に集中させることによって崩壊し、原子的な混沌状態になっていくのを免れるという生物体に具わった驚くべき能力……それは疑いもなく、秩序の整った原子結合体の中でもわれわれの知る限り最も高度のものである」（シュレーディンガー［10］一五三頁）。

第３節　今西進化論における「自然デザイン論」

自然は生命の躍動する世界です。そこには人工の、いかなる精密機械や芸術品にも劣らぬ美が満ちています。日本の革新的進化論者、今西錦司はそうした自然に魅せられ、「生物を通して自然を知り、自然を通して生物を知る」（今西［4］一一頁）という自然観から、独自の進化論を提唱しました。今西の問題意識は、「自然にはどうしてこのような美しいものが存在しているのだろうか？」という問いかけから始まりました。彼はこの答えを、自然によって自然を説明するという方法から求めようとしたのです。

前節で展開されたダーウィンの自然淘汰説、およびその修正説について今西は特に反論してはいません。ところが、修正説に潜む前提に対して激しい異論を唱えます。その前提とは、「ランダムに生ずる突然変異の下でこそ自然淘汰が作用し、それに合格したものに対して初めて適応という言葉が許される」というものです。これでは生物というものは、どれが当たるかわからぬでたらめな突然変異を造って、運を天に任せているようなもので、そんなことの累積で、構造的にも機能的にもあれほど見事に整った生物が造り出されたとは考えられないと今西は言うのです（今西［4］一八頁）。これは実験室の遺伝学者と今西の自然観の相違によるものと思われます。

突然変異がランダムに生起する現象でないとしたら、設計主なるものが存在するはずです。彼は「そうだ」と断言します。ただし、その設計主は生物それ自身、すなわち自然そのものだと彼は主張します。すなわち「自然は初めから一つの体系であり、その構成要素としての生物は、この体系を成りたたせるために、初めから相互適応していた、と考えたほうが理解しやすいのである」（今西［4］二四頁）というわけです。種の個体間でランダムな突然変異が起こり、それによって新たな種が生まれるなどとするのは、実験室的世界での話であり、どの個体も多少の前後があっても同一の突然変異をするのでなければ理屈に合わない……これが一貫した今西の主張です。

私はこの今西進化論を「自然デザイン論」と呼ぶことにします。量子論でも、原子が位置を変える突然変異がなぜ起こるのかを説明できませんが、今西進化論はその問題に深く関わるものと思われますので、さらに詳しく彼の議論を追ってみましょう。

種とは一つの血縁共同体であり、彼らは同一の身体をもって同じ生活を営んでいるのですから、同じ突然変異を現わすように方向づけられていると今西は考えます。世代を重ねていくうちに、ある突然変異を呈する個体数が増加し、いつか種自身が変わってしまう、すなわち、初めから突然変異は主体の方向性に導かれていると言うのです。形態的・機能的ないし体制的・行動的に似たように造られた同種の個体は、変わるべきとき（時期）が来た時、同じように変わるのでなければならない……この変化をもたらす突然変異は任意の個体に起こって、そこから遺伝的に拡散していくだけではなく、原則的に言うならば、そのような突然変異は遅かれ早かれ、やがて種の全個体に起こることによって種の勝ち得ようとしている適応を促進するものでなければならない、と言うのです（今西［３］二六頁）。

以上のように、今西進化論と正統派進化論では、自然淘汰に対する理論的見解に明確な相違が見られます。正統派は、ランダムで無方向な突然変異が起こり、それがゆえに何らかのコントロール（適者生存）の結果として生物を適応に導く作用（自然淘汰）が存在すると考えます。ところが今西は、必要がないのに突然変異などしない……ランダムな突然変異と結びついて個体レベルで作用する自然淘汰など存在しない……そのような進化論は、生物の主体性を完全に無視しており、自然に対する冒瀆であると反論するのです。進化につながる突然変異は、環境に対する生物の側からの働きかけであり、進化の主導権はどこまでも生物によって掌握されていなければならないと言うのです。ですから、ダーウィニズムが個体の変化から種の起源や生物の進化を説明するのに対して、今西進化論では種の変化からそれらを説明しようとする……すなわち環境に適応すべく絶えず自らを造り変えることで新しい種に変わっていくということになるのです。

今西進化論に貫かれた軸は、生物の進化は自然の中に組み込まれていて、変わるべくして変わる……自然によってデザインされたものであると言ってよいのではないでしょうか。ただし、今西は「自然を支配する存在」には目を向けません。自然は自然以外の何物でもない、と言うわけです。

第4節　進化論と創造論の統合

創造論者は、旧約聖書「創世記」第一章の以下の言葉に立って、天地万物と人が神によって創造されたと信じています。

①初めに、神が天と地を創造した（第一節）。

②神が、「地は植物、種を生じる草、種類にしたがって、その中に種のある実を結ぶ果樹を地の上に芽生えさせよ。」と仰せられると、そのようになった。それで、地は植物、おのおのその種類にしたがって種を生じる草、おのおのその種類にしたがって、その中に種のある実を結ぶ木を生じた。神は見て、それをよしとされた（第一一節―第一二節）。

③ついで神は、「水は生き物の群れが、群がるようになれ。また鳥は地の上、天の大空を飛べ。」と仰せられた。それで神は、海の巨獣と、その種類にしたがって、水に群がりうごめくすべての生

き物と、その種類にしたがって、翼のあるすべての鳥を創造された。神は見て、それをよしとされた（第二〇節―第二一節）。

④ついで神は、「地は、その種類にしたがって、生き物、家畜や、はうもの、その種類にしたがって野の獣を生ぜよ。」と仰せられた。するとそのようになった。神は、その種類にしたがって野の獣、その種類にしたがって家畜、その種類にしたがって地のすべてのはうものを造られた。神は見て、それをよしとされた（第二四節―第二五節）。

⑤そして神は、「われわれに似るように、われわれのかたちに、人を造ろう。そして彼らに、海の魚、空の鳥、家畜、地のすべてのもの、地をはうすべてのものを支配させよう。」と仰せられた。神はこのように、人をご自身のかたちに創造された。神のかたちに彼を創造し、男と女とに彼らを創造された（第二六節―第二七節）。

（注）「われわれ」と複数形表現になっていることについては、二つの解釈があります。一つは父・御子（イエス・キリスト）・聖霊の三位一体を意味するという解釈です。もう一つは、数上の複数形ではなく、文法的に「熟慮の複数」と呼ばれる用法だとする解釈です。

①は天（宇宙）と地（地球）の創造、②は植物や樹木、③は魚類や鳥類、④は動物、そして⑤は人

の創造について語られています。特に人は「神のかたち」に創造され、②から④の支配を神から任されたと記されています。したがって創造論は、天地、魚類と鳥類を含む動植物、そして人の、三大創造に分類できます。天地創造については第3章で扱いますので、ここでは他の二大創造を進化論との関わりで取り上げます。

神は、上述の①から⑤の創造を六日間で成し遂げ、七日目に「すべての創造のわざ」を休まれました（「創世記」第二章第一節―第三節）。ですから、創造の完成から現在に至るまでの気の遠くなるような長い期間が七日目に相当するのです。その七日目は未だ終わっていないのですから、「創世記」によれば、新たな創造のわざは今日までなされていないはずなのです。ところが現在、一五〇万に上る種の存在が確認されているのです。この事実は、以下の二つの仮説を設定することによって、進化論と創造論の両理論に抵触することなく説明できると考えられます。

（仮説1）突然変異によって、新たな種が形成された。
（仮説2）神は②から④の創造にあたって、そのわざのなかに進化のメカニズムを組み込んでおられた。

（仮説1）は進化論の肯定ですから、あえて検証の必要はありません。問題は（仮説2）の検証です。

ただしこの場合、検証といっても進化のメカニズムを組み込まれたのは神なのですから、論証は「もしそうであるならば、あれこれの現象が現実世界に生起するであろう」という仕方でなされます。私はこの問題について量子論、および今西の「自然デザイン論」、さらにアリストテレスやハンス・ヨナスが提起している「有機体的自然観」に基づいて論じることにします。ここで読者は、なぜアリストテレスやヨナスが出てくるのかと疑問を持たれるかと思いますが、もし神が創造の際に進化のメカニズムを組み込まれていたならば、その事実を証しするに必要な賜物を具備した人物を通して啓示されるだろうと考えるからです。

人間の脳や感覚器官、およびその他の諸器官は、無数の原子より成り立っています。個々の原子は無秩序な熱運動（ブラウン運動）をしていますから、万一、少数個の原子が人間の感覚に影響を及ぼすことになれば、われわれの日常生活は大変なことになるでしょう。ですから偶然的な一原子の出来事が、器官全体に過大な影響を与えないような構造になっていなければなりません。そのために、各器官は無数の原子によって構成されているのです。ところが一方で、少数個の原子よりなり、生物の体内において秩序ある規則正しい現象を引き起こすたんぱく分子が存在します。それが突然変異を司る遺伝子なのです。遺伝子は少数個の原子や原子のリング（炭素や酸素、窒素、イオウなど異種原子が環状につながったもの）よりなり、それぞれある秩序に従って固有の役割を演じています。そして何世代にもわたり個体の外見上の性質を伝えています。突然変異は、規則正しい動きを示すはずの少数の原子団や原子のリングに何らかの変化が生ずることによって起こります。なぜそうした変化が起こるのかは量子論でも説明できません。おそらく、いかなる科学をもってしてもそれは不可能でしょう。したがって正統派進化論では、「偶然」という語を用いる他なかったのです。この説に真っ向から抵抗したのが、前述した今西錦司でした。

私が今西進化論を「自然デザイン論」と呼ぶ理由は、それが（仮説2）の根拠を与えると考えたからです。生物の進化は、予定調和的に変わるべくして変わる、そのデザインは神の創造の時に、すでに組み込まれていた……今西が指摘するような、環境に対して見事に適応した機能を具備する一五〇〇万に及ぶ生物種の完成は、神の創造のわざであったと私は理解します。このとき私は何の違和感もなく、ちょうど「地動説」を受け入れるのと同じ感覚で進化論を受け入れることができます。神が創造を終えた六日目以降、今日まで新たな創造はなされていません。突然変異による新種の発生は、神があらかじめ自然の中に組み込んだ結果であって、新たな創造によるものではなく、この限りにおいて進化論と創造論は両立します。

アリストテレスは、万物はそれぞれの階層や位置に応じて目的を持つという「有機体的自然観」を提起しています。そして秩序の頂点を占めるのは神であり、万物は神によって目的（使命）を与えられるとしています。アリストテレスの研究者である堀田彰は、アリストテレスの自然観について次のように記しています。

アリストテレスは、自然過程は一種の生きた円環運動の一部であり、各部分の運動過程が一つの目的を現実化するために共働していることを認めた。おのおのの生物はそれに特殊な目的に向かって自己展開する。自己のうちに、完成された構造ないし形態に到達する可能性をもつ。自然はそれ自身としては構造を欠いているが、しかも構造を追求する。動物や植物だけでなく地水火風のような元素にしてからが自己のうちに運動と静止の原理をもっているのだ。自然探求者の課題は、この自然過程がどのような原理にしたがって進行するのか、またこの現象の世界がどのように構造されているのか、を明らかにすることだ。……（中略）……アリストテレスの自然への問いかけはいつも「何によって」であった。つまり、自然のうちにある要因を見いだし、それによって自然過程を規定しそれが一つの目的に向かっていることを解明することであった（堀田［29］八八―八九頁）。

ここで問題となるのは無生物も内在的価値を有するか、という問いです。自然は人間のように目的を自ら立てるわけではありませんが、ある種の目的に向かうという思想です。すなわち、さまざまな自然物はそれぞれ異なった役割を果たしつつ、他の自然物との調和を保っていて、それぞれ固有の位置を占めているという見方です。またハンス・ヨナス［40］は、万物の中には目的が内在しており、すべての自然物は固有の価値や尊厳を有するとしています。この点について高田純は、価値は人間の評価が介在するとき生じるのであって、自然がそれ自体で価値を有すると考えるべきではない、と述べています（高田［14］九五―九七頁）。

一方、新ダーウィン主義に代表されるリチャード・ドーキンスは、「自然淘汰」は自動的プロセスであり、未来の計画、予見、視点もないと主張します。彼は徹底した無神論者であり、「無神論はダーウィン以前でも論理的には成立し得たかもしれないが、ダーウィンによってはじめて、知的な意味でも首尾一貫した無神論者になることができた」（ドーキンス［20］二六頁）と述べています。このような無神論者にとっては、広大な宇宙において生命に満ちた地球の存在は、偶然以外の何物でもないと考えます。そしてあらゆる現象は、因果法則の下で「今在るゆえに、在る」と認識するでしょう。

今、無神論を自称するA氏の息子が、高い死亡確率の病気を患い苦しんでいるとしましょう。その病気は、統計上最善の治療の下で五〇〇人に一人の割合で回復が望まれるとします。このとき父親であるA氏は、当然その一人の中に息子が入ってほしいと願うでしょう。すなわちA氏は、五〇〇分の一の確率で助かる偶然が実現するように願うことになります。「偶然が実現する」ことに関わるものとは何でしょう。明らかに医師ではありません。人間ではありません。A氏は人間以外のあるもの……「自然の力」でしょうか……少なくとも不確かな目に見えない何かに願っているのです。しかも「願う」という営みをしているA氏の心の奥底には、その、目に見えない何かには偶然を支配する力を具備していているという理解が伴っているはずなのです。彼はその力が、愛する息子に注がれてほしいという願望を持ったのです。この状況は、もはや偶然なるものを超越し、A氏が意識するしないにかかわらず、人間の熱烈な想いに応答する、人格を具えた目に見えない何かある存在（神）へのA氏の願望の現われであると考えざるを得ません。この事例から分かるように、人は完全に無神論者になり切ることはできないのです。神を信ずる人々の中には、壮絶な体験をした人が少なからずいるのは当然のことなのです。

第5節　「創世記」新釈

「人は何処から来て、何処に向かって行くのか」……この問いは私たち人間にとってきわめて深遠な問題です。進化論ではこれまでダーウィンの理論に立脚し、

（仮説3）人はサルから進化した。

という仮説を立て、考古学的（化石）・遺伝学的根拠に基づいて理論を形成してきました。この（仮説3）を検証するためには、どの地域で、いつ頃、サルから人間に変わったのか示されなければなりません。

人類がどのように進化してきたかについては、二つの仮説「地域別進化説」と「アフリカ起源説」があります。前者は一八〇万年以上前にアフリカで出現した原人が、何らかの理由（人口増加による食料不足か）でユーラシア大陸の各地に移住し、各々の地で進化を繰り返しながら現代人の祖先であるホモ・サピエンスになったとしています。それに対して後者は、われわれの祖先は単独でアフリカに登場し、その後ユーラシア大陸やヨーロッパに移り住んだというものです。現在、化石のＤＮＡ分析から「アフリカ起源説」が有力になっています。一九二四年以来、南アフリカから多くの化石人類が発掘されてきました。それらはいずれも犬歯や手足の骨が人間に酷似していて、直立歩行していた地上生活者であったことが明らかになっています。特にそれらの中で、二〇〇万年位前の地層から「オーストラロピテカス」の化石が発見されたことは人類学者を驚かせました。この事実から今西は、人類の起源は非常に古く、人類と類人猿が分かれた「ドリオピテカス」の時代は地質学的に一五〇〇万年前から二〇〇〇万年前であろうと推測しています（今西［３］六七―六八頁）。これは（仮説３）を支持する見解ですが、直立二足歩行と幼稚な石器使用を根拠にしたものです。

進化論で次に問題とされるのは、人種の起源です。これについては「グループ・セレクション説」があります。社会の出発点として、小さなグループが各々のテリトリーの下で生活し、自らのグループを守るために互いに対立していたことが想定されます。そして相互に交わることがなければ、各グループは「隔離」された状態に置かれます。したがって繁殖は「血縁結婚」によってなされますから、淘汰が促進されます。すなわち遺伝質の拡散がグループ内で早くなり、悪い遺伝質を持つグループは滅び、生き残っているグループに交替していきます。こうしてグループ単位で進化が続けられ、人種が形成されたという説です。この説に対しても今西は懐疑的で、「二〇〇万年にちかいこの長い間に、混血によって人類は一つにこそなれ、人種のちがいなどとうてい生ずるはずがない」（今西［3］四六頁）と批判しています。さらに「種社会の分離が完全に行われ、分離した二つの社会が完全に交配しない状態がながくつづくものとしたら、この二つの社会に属する個体のあいだにちがいを生じ、適応とはなんの関係もないにもかかわらず、そこに二つのちがった種が、あるいは二つのちがった種社会が生ずる。これがすなわち隔離による種の形成であり、適応と関係がない以上、このような進化に対しては、さすがの自然淘汰も、手のほどこしようがあるまい。」（今西［3］一五三頁）とも述べています。

ところで、これまでサルと人間を判別する基準として頭蓋容量や犬歯の発達状態（サルの犬歯は人間のそれと比べてよく発達している）、手足の骨（直立二足歩行の可否が判定される）などが挙げられてきました。本当にこれらの条件を満たしていれば人間なのでしょうか。本章第1節で私は、人間であることの本質的特徴は「たましい」の働きとしての霊性を具えていることだと述べました。すべての人間は、神との交わりを可能にする霊性を潜在的に持っています。どんなに神の存在を否定したところで、人間は極限状態に置かれたとき、意識するしないにかかわらず、人間以外の力（神）を求めるのです。脳科学者は、霊性を生み出す器官は脳内の「辺縁系」であると言うでしょうが、どうして人間だけにその能力が与えられているのでしょうか。この問いに科学は答えることはできません。

ここで

（仮説4）人は「神のかたち」に創造された。

という仮説を設定しましょう。この仮説は、人間だけに霊性が具わっていることの明確な説明を提供します。「神のかたち」とは、神と人間との交わりを可能にすることを意味する言葉だからです。このような霊性は、突然変異といったもので生ずるとは到底考えられません。突然変異は個体の形質遺伝に関わる現象であるからです。

神による人間の創造は一万年前―三万五〇〇〇年前頃だとする説がありますが、三万七〇〇〇年前―四万九〇〇〇年前であるとする研究結果（Whitfield, Sulston and Goodfellow［42］pp.379-380）も出されています。これは「Y染色体分析」によるものです。人の各細胞には核があり、その中に二二種類の「常染色体」と「性染色体」が対になって存在しています。親から子へ遺伝する時、一対の染色体は片方一本だけが単独の染色体となって卵子や精子の中に入ります（減数分裂）。受精卵内部において卵子が持つ一本の染色体は「雌性前核（X染色体）」、精子が持つ一本の染色体は「雄性前核（Ｘ染色体またはＹ染色体のいずれかを持つ）」と呼ばれます。雌性前核（Ｘ染色体）と雄性前核のＸ染色体が組み合わさった場合には女の子（ＸＸ）が、雄性前核のＹ染色体が組み合わさった場合には男の子（ＸＹ）が誕生することになります。ですから男の子のＹ染色体は祖父のものです。すなわちＹ染色体は母親の染色体と混ぜ合わされることなく、世代から世代へと遺伝される性質（父系遺伝）を有しているのです。したがって、ある男子が父親と異なるＹ染色体の遺伝子を持ったとすれば、それは突然変異による以外にはないということになります。このような突然変異がどの程度の割合で起こるかが分かれば、すべての男子に共通する祖先がいつ頃生きていたかを推計できるのです。突然変異の頻度は、土葬された骨の発掘を通して古代人のＤＮＡを抽出し、子孫と比較することで推計されます。三万七〇〇〇年前―四万九〇〇〇年前に現代人の共通の祖先が存在したとするサイモン・ホワイトフィールドらの研究結果に対して、ロスは「これは聖書が示す年代の範囲に納まる」と述べています（ロス［41］一三四頁）。この年代は、ネアンデルタール人（約二〇万年前―三万年前）の存在と重なるのです。

人間と動物の相違は、言語（文字）を使用するかどうかという点にも見られます。人間の言語機能は、脳内操作系（自己の脳をオーガナイズする作用）が司り、それらは前頭葉にあります。近年、ＭＲＩ（磁場と電磁波で生体の断層像を知る）の開発により、大脳皮質に占める前頭葉の割合（％）が分かるようになりました。セメンデフェリたちの研究（Semendeferi［13］）によりますと、チンパンジー、ボノボ、ゴリラ、オランウータン、そして現代人で、大脳に占める前頭葉の割合はほとんど同じで三五—三八％に収まるとされます。この研究は、これまでの常識（現代人が最も高い％を示す）を覆す結果でした。ところが日本の脳科学者澤口俊之は、セメンデフェリたちの研究では生体の体重が考慮されていない点に気づき、「相対前頭葉体積（体重に対する前頭葉の体積）」をネアンデルタール人と現代人について算出したのです。それによりますと、ネアンデルタール人は現代人よりも相対前頭葉体積が四〇％程度少ないことが分かりました（赤澤［1］に所収、二四九頁）。

したがってネアンデルタール人は、脳内操作系も現代人と比べ未発達であり、言語能力は乏しかったと考えられます。さらに発語器官も発声に不向きであったことが化石から分かってきました。ジェフリー・レイトマン（マウントサイナイ大学）は、ネアンデルタール人の声帯の位置はチンパンジーと同じくらい高い位置にあるので、空気振動を共鳴させる気道が短か過ぎて、複雑な言語音を発生できなかったのではないかと推測しています（NHKスペシャル「地球大進化」二〇〇四年一一月一四日放映）。

一九九七年にマティアス・クリングたち（マックス・プランク進化人類研究所）は、一八五六年に発見されたネアンデルタール人化石からミトコンドリアDNAの抽出に成功し、現代人のそれとは無縁であることを発表しました（Krings et al.［7］）。

したがって、澤口の研究結果やDNA分析結果を総合すると、（仮説4）を積極的に否定するものでないことが確認できます。

（仮説4）を受け入れた場合、神によって創造された人間とネアンデルタール人の共存する時代が最長で一万九〇〇〇年位あることになります。以下では、神によって創造された人間を「現人」、進化によって地上に出現したネアンデルタール人を「地人」と呼ぶことにします。「地人」が狩猟の技術を有していた証拠は、一九九三年にシリアのウム・エル・トレル遺跡で発見されました。長さ七・五cmほどで先端の尖った石器が野生の馬の骨に突き刺さった状態で見つかったのです。しかもこの遺跡で、天然のアスファルトが付着した石器も同時に発掘されました。これは、石器を他の装備具と接着して武器にしたとも想定されます。地層の年代は約六万年前で、明らかに「地人」のものと判断されます。

また、人と人の争いを示す証拠も見つかっています。スペインのモレリャ・ラ・ヴェリャ遺跡で発見された弓矢を使用しての闘争シーンが描かれた岩絵です。約一万二〇〇〇年前の岩絵（赤澤［1］一〇三頁）だとされていますが、ほぼ同時代にアフリカのスーダン、ジャバル・サハバ一一七遺跡で、人骨の集団が発見されています。しかもすべての死体が体の左側を下にした横向きの姿勢で埋まっていたのです。こうした状況から集団墓地と考えられます（赤澤［1］一〇五頁）。これは、「現人」との闘争で敗北した「地人」の墓地であるという想定も可能です。

ここできわめて重要な仮説を二つ設定しましょう。

（仮説5）「地人」など直立二足歩行する「ヒト科」は、サルから進化した。ただしこの進化は、神によってあらかじめデザインされていた。

（仮説6）「現人」における複数人種の出現は創造の時、すでに神によってデザインされていた。

（仮説3）で人を「ヒト科」に置き換えれば、（仮説5）と矛盾しません。また（仮説6）は、今西の「隔離による種の形成」に基づくもので、ある現人社会において突然変異が起こり、神のデザインの通りに変わるべくして変わり、その結果として人種が形成されたことを意味しています。

さて（仮説1）から（仮説6）をすべて受け入れたとしましょう。このとき、進化論と創造論は両立します。しかも「創世記」第四章から第八章に以下のような新しい解釈が生まれます。まず、第四章から第八章の主要な流れを記しておきます。

エバはアダムの子、カインとアベルを産んだ（第四章第一節―第二節）。

⇩

カインはアベルを殺した（第四章第八節）。

⇩

カインは自分が「地上をさまよい歩くさすらい人となる」ことを神から告げられる（第四章第

一二節）。

⇩

カインは「**私に出会う者**はだれでも、私を殺すでしょう。」と神に嘆願する（第四章第一四節）。

⇩

神は、**カインに出会う者**がカインを殺すことのないように、「**一つのしるし**」を与えた（第四章第一五節）。

⇩

カインはエデンの東ノデの地に住みつく（第四章第一六節）。

⇩

カインの妻が**エノク**を産む（第四章第一七節）。

アダムは三人目の子セツを生み、そして「カインがアベルを殺したので、彼の代わりに、神は私にもうひとりの子を授けられた。」と言う（第四章第二五節）。

⇩

アダムの子孫レメクがノアを生む（第五章第二八―第二九節）。

ノアはセム、ハム、ヤペテを生む（第五章第三二節）。

⇩

人が地上にふえ始める（第六章第一節）。

⇩

地上に人の悪が増大する（第六章第五節）。

⇩

神は心を痛められる（第六章第六節）。

⇩

神はご自身の創造された人、家畜やはうもの、空の鳥に至るまですべて消し去ることを宣言される（第六章第七節）。

⇩

ノアは正しい人であり、神とともに歩んでいた（第六章第九節）。

⇩

神はノアとその家族、およびすべてのきよい動物（雄と雌七つがいずつ）、きよくない動物（雄と雌一つがいずつ）、空の鳥（雄と雌七つがいずつ）を残して**地上から滅ぼされる**（第七章）。

⇩

神は「わたしは、決して再び**人のゆえに**、この地をのろうことはすまい。」と宣言される（第八章第二一節）。

（仮説1）から（仮説6）に基づいて上の流れを見ていきますと、「カインに出会う者」および「カインの妻」は「地人」です。カインの妻については、その名が挙げられていません。「地人」には名がなかったのでしょうか。それとも「地人」は「神のかたち」に創造されていなかったからでしょうか。この点については何とも判断できません。

以上のことから、カインの子エノクは「現人」と「地人」の混血ということになります。カインの末裔はすべて混血であり、家畜をもって天幕に住む者、竪琴と笛を奏する者、青銅と鉄を扱う者といったいわゆる工芸分野で優れた人物は出ましたが、ノアのような信仰者は一人も現われていません（「創世記」第四章第二〇節―第二二節）。混血は、神との交わりが許されていないことを暗示するかのようです。

神がカインに与えた「一つのしるし」が具体的に何であるか、「創世記」の記事からは判明しませんが、本書の一連の仮説に基づいて考えた場合、それは「地人」を示すしるしとなるようなものだと想定されます。上のような解釈の下では、ある期間、地上には「現人」と「地人」、その混血が同時に存在していたことになります。しかしながら神は、最終的に「地人」や混血をすべて滅ぼされたのです。

その結果、地上には「ご自身のかたち」に創造された「現人」だけが残ることになったのです。そして神は、「再び**人（現人）のゆえに**、この地をのろうことはすまい」と宣言されました。

私が提起した六つの仮説から推論される事項は以下の四点です。

■神は万物を創造された時、あらかじめ設計図を立てておられ、わざを休まれた七日目（創造の完成から現在までの間：七日目は未だ終わってはいない）にご計画のすべてが実現するよう進化のメカニズムを組み込まれていた。

■神は「ご自分のかたち」に創造された人（現人）と進化によって出現した（正確には「させた」）人（地人）を明確に区別しておられた。

■神は地上に「現人」だけを残し、「地人」とその混血をすべて滅ぼされた。

■進化は後退しないので、今後新たな「地人」が現われることはない。

以上が私の認識する進化論と創造論の大枠です。このような認識に至る過程で、私は「創世記」に何かを付け加えたり、削ったりしてはいません。ただ一つ疑問に思うことは、何故神は進化によって「地人」が現われるようなご計画をされたのかという点です。これは人知では計り知ることのできない問題です。

（注）私が「進化論・創造論の統合」を提起した背景には、自然の中に秩序を探求することを通して信仰と世界の構造との調和を説明しようとする意図があります。ただし、近代キリスト教思想における「理神論」や「自由主義神学」が主張する「ダーウィン進化論支持（進化の過程の神格化）」とは、本質的に相違していることを強調しておきます。この点については次章で論じます。

第2章

宗教と科学——その対立と融和

第1節　キリスト教の確立とその神学的展開

（1）キリスト教の確立

古代―中世（五世紀から一五世紀）―近代における宗教と科学の問題を語るとき、キリスト教の存在を無視することはできません。ここではキリスト教がどのようにして確立していったかを考えます。
古代ユダヤ王国は南北に分裂していました。北のイスラエル（首都：サマリア）は紀元前七二一年にアッシリア軍に敗北し、滅亡しました。南のイスラエル（首都：エルサレム）は紀元前五八六年、新バビロニアによって滅ぼされ、その結果、エルサレムの神殿は破壊されました。その際、多くのイスラエル人がバビロニアで捕囚となったのです（「バビロン捕囚」）。そしてエルサレム陥落約五〇年後に、バビロニアはペルシャの王キュロスに滅ぼされます。キュロスはイスラエル人の祖国帰還を許すと同時に神殿の再建を認めました（「エズラ書」第一章―第三章）。こうして古代イスラエルの宗教を受け継ぐ形でユダヤ教が成立したのです。その背景には、預言者（神によって呼び出され、それに応答する人物）エズラとネヘミヤの存在があったことは旧約聖書「エズラ書」、「ネヘミヤ書」の記述から分かります。ユダヤ教の正典は「律法、預言書、諸書」（キリスト教では「旧約聖書」）です。律法の書の中で、神はご自身を「わたしは『わたしはある』という者である。（「出エジプト記」第三章第一四節）」と宣言しています。すなわち、神とはすべての存在を可能ならしめる存在そのものであること、したがって、唯一絶対なる存在であることを意味しています。

イエスが誕生した当時のユダヤ教には、サドカイ派、パリサイ派、エッセネ派という三つの派閥がありました。サドカイ派は祭司を中心にした貴族的一派で、復活や天使の存在を信じない現実派でした。当時のローマ皇帝アウグストゥス（紀元前六三―後一四年）は地中海周辺地域を統一していましたが、ユダヤ人の反ローマ感情から起こった六六年の反乱、その鎮圧に乗り出したローマ軍によりエルサレムは占領され、神殿は再び崩壊しました。このときサドカイ派は神殿陥落とともに没落しています。

一方、下級祭司を中心とするパリサイ派は、メシア（救世主）の出現や復活を信じていましたが、律法（シナイ山で神とイスラエルの民が交わした契約に基づく法）を忠実に守ろうとする律法主義に立つ人々です。彼らは当時の社会では知識人であり、人々を「地の民」と呼び、自ら特権階級を意識していました。ですから、「愛」や「神の前の平等」といった宗教上の重要な項目が欠落していました。

エッセネ派は、一九四七年「死海文書」の発見によってその存在が確認されています。彼らはエルサレムの神殿から放逐され、荒野で厳格な共同生活を送っていた人々です。

イスラエルの人々は、次に示すミカの預言を信じ、自分たちのうちから「救い主」が現われることを期待していました。

ベツレヘム・エフラテよ。
あなたはユダの氏族の中で最も小さいものだが、
あなたのうちから、わたしのために、
イスラエルの支配者になる者が出る。
その出ることは、昔から、
永遠の昔からの定めである。

（「ミカ書」第五章第二節）

（注）エフラテ：ベツレヘムに住んでいた氏族の呼び名。ダビデもこの氏族の出身であった。

イエスはこうした宗教的時代背景の下で生まれたのです。その生涯において数々の奇蹟をなし、父なる神の権威が自分に与えられていることを人々に示しました。またユダヤの指導者ニコデモ（パリサイ派）との問答の中で、イエスは「だれでも天に上った者はいません。しかし天から下った者はいます。すなわち人の子です。（「ヨハネ福音書」第三章第一三節）」と断言し、自分が神の子であることを伝えました。さらに「わたしは光として世に来ました。（「ヨハネ福音書」第一二章第四六節）」、「わたしは、世の光です。」（「ヨハネ福音書」第八章第一二節）とも言っています。ところがユダヤの指導者たちは、イエスをミカの預言にあたる「救い主」とは認めませんでした。その理由は、イエスの次の教えに集約されるでしょう。

「心を尽くし、思いを尽くし、知性を尽くし、力を尽くして、あなたの神である主を愛せよ。」、「あなたの隣人をあなた自身のように愛せよ。」この二つより大事な命令は、ほかにありません。

（「マルコ福音書」第一二章第三〇節─第三一節）

この言葉は、神を愛し、隣人を愛することができる者であれば、自ら律法は守られる、すなわち「愛は律法を全うする」ことを暗に示しています。愛に基づかない律法は無意味だということです。そうなりますと、パリサイ人たちや律法学者は自分たちの存在意義が失われてしまいます。

イエスは彼らの暴虐ぶりを徹底して暴露し、悔い改めを迫ります。パリサイ人や律法学者に対してイエスは、「忌まわしいものだ。偽善の律法学者、パリサイ人たち」と七回、「忌まわしいものだ。目の見えぬ手引きども」と一回、それぞれ具体的内容を挙げて彼らを非難しています（「マタイ福音書」第二三章第一三節─第二九節）。しかも第三三節では彼らを呼ぶにあたり「蛇ども、まむしのすえども」と厳しい言葉を用いています。彼らの暴虐ぶり八項目のうち、最初の項目「忌まわしいものだ。偽善の律法学者、パリサイ人たち。あなたがたは、人々から天の御国をさえぎっているのです。自分もはいらず、はいろうとしている人々をもはいらせないのです（第一三節）。」というイエスの言葉は、宗教上きわめて重大な問題です。

こうした攻撃を受けたユダヤの指導者たちは、イエスを十字架につけることで自分たちの立場を守ろうとしたのです。まさに「この方はご自分のくにに来られたのに、ご自分の民は受け入れなかった（「ヨハネの手紙」第一章第一〇節―第一一節）。」のです。イエスは十字架での死後三日目に復活し、四〇日間使徒たちの前に現われました。そして彼らに「聖霊があなたがたの上に臨まれるとき、あなたがたは力を受けます。そして、エルサレム、ユダヤとサマリアの全土、および地の果てまで、わたしの証人となります（「使徒の働き」第一章第八節）。」と告げ、天に上がり、父なる神の右の座についたのです。五旬節の日に使徒たちが一つ所に集まっていたとき、突然天から激しい風が吹いてくるような響きが起こり、このときイエスが約束した通り、皆は聖霊に満たされました（「使徒の働き」第二章第一節、第四節）。これが「聖霊降誕」です。

ペテロは一一人の者たちと立ち上がって、自分たちの立場をユダヤ人やエルサレムに住む人々に宣言します。そして一切のものを共有する生活が始まります（「使徒の働き」第二章）。さらに、評判の良い七人の者が選ばれ、食卓のことに仕える仕事にあたらせます。この中にステパノがいました。ステパノはリベルテンの会堂に属する人たちと信仰の問題で議論し（「使徒の働き」第六章）、その結果、彼は石で打ち殺されます（「使徒の働き」第七章）。彼が最初の殉教者となりました。

キリストの教えは、ペテロとヨハネによって受け継がれ、次々と弟子を増やし拡大していきます。地域性を脱し、教会建設を果たしながら広くキリスト教として確立していった背景には、使徒パウロの働きがありました。パウロは小アジアのタルソに生まれ、ユダヤ教徒でした。キリスト教徒へ激しい迫害を加えていましたが、エルサレムからダマスコに向かう道中、回心を体験し（「使徒の働き」第九章第三節―第一八節）、キリストの使徒として用いられます。彼は、人が義とされるのは律法をいかに守るかによるのではなく、イエス・キリストへの信仰による、すなわち十字架の血潮のみが罪からの解放をもたらすと説きました。六四年のペテロとパウロの殉教からコンスタンティヌス大帝によるキリスト教の「公許令（三一三年）」までの二四八年間は、キリスト教徒にとって教会制度を整えつつ歩んだ迫害に耐え忍ぶ時代でした。

(2) キリスト教神学の展開

(2)-1　中世以前（一―四世紀）の神学

キリスト教が国教になったのは、テオドシウス一世の時で三九二年です。その五年後に新約聖書がキリスト教の正典としてまとめられました。「旧約」は「古い契約（「コリント人への手紙Ⅱ」第三章第一四節）」、「新約」は「新しい契約（「コリント人への手紙Ⅱ」第三章第六節）」の意味です。神はモーセを通してイスラエルの民と契約を結ばれたのですが、イスラエルはこれを守りませんでした。この違反を贖うためにキリストは十字架上で血を流され、それによって「新しい契約」を、今度はイスラエルのみならず全人類と結ばれたのです（「ヘブル人への手紙」第九章第一五節）。

当初キリストは、人々の間ではユダヤ教的メシアとして捉えられており、三位一体（父・子・聖霊）の第二に位格する存在としては認識されていませんでした。三位一体論は第一ニカリア会議（三二五年）から第一コンスタンティノポリス会議（三八一年）にかけて、その定式が徐々になされていったのです。

こうした時代にあって、キリスト教神学の礎石をなした人物としてアウグスティヌス（三五四―四三〇年）を挙げることができます。彼は北アフリカのダガステに生まれ、マニ教徒であった青年時代には日々享楽的生活を送っていました。ところがある日、聖書を手にする機会があり、「ローマ人への手紙」（第一三章第一三節―第一四節）「遊興、酩酊、淫乱、好色、争い、ねたみの生活ではなく、昼間らしい、正しい生き方をしようではありませんか。主イエス・キリストを着なさい。肉の欲のために心を用いてはいけません。」に目が留まったとき、突然、心に平安が生まれたといいます。現在の堕落した生活を自分の努力で克服することはできないこと、この平安の体験は神の恵みによるものであることを彼は認識します。そして「人間の魂は弱いので、地上のものを求め、永遠の祝福に比べると正に侮辱に値するうつろいやすい取るに足らない善（移りゆくこの世の現実生活にはそれは必要であるけれども）を渇求するものである。しかし、たえずそれらを、ひたすら唯一の神との関わりにおいて求めるべきである。それらを卑しみそれらに背を向けることによって達しうる神に仕える姿勢を持たないならば、それらを求めてはならない。」（プシュヴァーラ［26］上 一二─一三頁）という信仰に達するのです。こうして彼は三八六年、キリスト教に回心します。

アウグスティヌスは、三位一体論について以下のように論じます。

創造されたものによって知られる創造者を認識する（「ローマ人への手紙」第一章第二〇節）ために、われわれは三位一体を知解しなければならない。被造物のうちには適切な仕方で創造者の痕跡があらわれているからである。その三位一体の中にはすべてのものの最高の根源が存し、最も完全な美があり、至福の喜びが存する。したがって、これら三者はそれぞれ他者を相互に規定しあっているとみられ、それぞれにおいて無限である。さて、形体的なものにおいては一つのものは三つと同じではなく、二つ合わさったものは一つのものより何らかの意味で大きい。しかし、この最高の三位一体においては、一つは三つと同じであり、二つ合わさったものは一つよりも大きくはない。そして三者はそれぞれ自ら無限である。このように、それぞれはそれぞれにおいてあり、他のすべてはそれぞれの中にあり、それぞれはすべての中にあり、すべてはすべての中にあり、すべては一つである。（プシュヴァーラ［26］上 三〇一頁）

（注）「ローマ人への手紙」第一章第二〇節：「神の、目に見えない本性、すなわち神の永遠の力と神性は、世界の創造された時からこのかた、被造物によって知られ、はっきりと認められるのであって、彼らに弁解の余地はないのです。」

このようにアウグスティヌスは、「被造物のうちに創造者の痕跡が現われる」状況を三位一体との関連で認識しています。当時、三位一体論は、三位は各々独立の位格であり、その中で父なる神の優位を示すものとされています。ただしアウグスティヌスの場合、父なる神の優位性については言及されていません。

彼はまた人間の自由意志について次のように述べています。

滅すべき性質を持つ理性的精神は、不滅の善にあずかることがなければそれは正しくあることができず、救いにあずかることも至福に達することもできないということ、また、自らの意志だけでは善を見出すことができず悪を知り得るにすぎない、ということを警告として知るべきである。たしかに、理性的精神はそのままほっておくと不滅の善からそれて、それに背を向けることによって腐敗してしまう。さらにそれは、それ自身では健全ではあり得ない。ただ創造主の無償のあわれみによってのみ健全であることができる。彼は理性的精神をこの世においては信仰によって生かし、永遠の救いの希望に導くのである（プシュヴァーラ［26］上八六頁）。

これは、自由意志を与えられた人間は原罪（「エデンの園」において、エバとアダムが神に背き禁断の木の実を食べたことから生じた人類最初の罪）のゆえに悪へと傾斜するので、人が救われるためには自由意志に先行する無償の恩寵が必要であると解釈できます。この解釈に立ちますと、救いは神の選びによるものとアウグスティヌスは考えていたのではないかと思われます。

(2)-2　中世（五―一五世紀）の神学

中世初期のキリスト教世界は、教会の儀式礼典や讃美歌の整備、そして大会堂の建設が行われた時代でした。キリスト教史的には、教父神学からスコラ神学への移行期だと考えられます。教父神学とは、「ラテン教父」と呼ばれたアウグスティヌスなど教父の信仰に基づいて展開された神学です。一方、スコラ神学とは公会議文書集や教皇書簡を研究し、それらと聖書の間で生ずる矛盾点や論点を通して信仰と理性の問題を追求する神学です。

スコラ神学の祖と言われ、理性的、学術的に神を把握しようとしたアンセルムス（一〇三三―一一〇九年）は、「理解せんがためにわれ信ず」と述べています。彼はまず「神はそれより大きいものがないような存在である。」と仮定します。次に「一般に、思考されて存在しないものよりも思考の上にのぼり実在するものの方が大きいと言える。」、さらに「もしそのような存在が人間の思考の内にあるだけで、実際に存在しないのであれば、『それ以上大きいものがない』という仮定に反する。」、したがって「神は人間の思考の内にあるだけではなく、実際に存在する。」とアンセルムスは結論づけます。

これについて小田垣雅也は「人間が神を理解した場合、それは人間の理性の中に神がとり入れられたことであって、人間の方が神より優位になる。だから神は人間の理解の外にある他はないが、理解の外にあるということは理解を否定するのではなく理解そのものを促し、かつ可能ならしめるものである」と解説しています（小田垣［6］九七頁）。人間が神を理解することなど到底できません。アンセルムスの言葉は、神が「わたしは『ある』という者だ」と宣言していることに通じるものがあります。一方、聖書によれば、神から人に与えられる賜物は、聖霊を通して知らされます（「コリント人への手紙Ⅰ」第二章第一一節―第一二節）。すなわち、人間は神を理解することはできませんが、神の「みこころ」は聖霊によって知らされます。ただし、それには信仰が伴わなければなりません。信仰の原点は、キリストの十字架をどのように捉えるかにあります。ギリシャ教父たちは、キリストの死は悪魔の虜になっている人間を救うために悪魔に支払われた代価であるという「賠償説」に立ちますが、一方、アンセルムスはスコラ神学者でありながら、贖罪論について福音的です。すなわち彼は、人間は罪ある存在であり滅びを免れませんが、その救済のためには罪なき神の子羊（イエス・キリスト）が人間に代わって贖罪の死を遂げねばならなかったという「キリスト代償説」に立脚します。信仰は、この点に関して個人的問題として、霊的覚醒において実現します。

中世のキリスト教世界を語る場合欠かせない社会問題は、教皇権の確立→衰退→ルネサンスの萌芽に至る推移と十字軍、および大流行したペストの影響です。ローマ帝国は三九五年に東西に分裂しましたが、西ローマはゴート族の侵略によって四七六年に滅びました。ローマ教会はカトリック教会としてすべての教会を率いる形で拡大していきます。グレゴリウス一世は、教皇という称号はローマの司教だけに与えられるとし、自ら教皇を名乗り、ペテロの使徒的属性を引き継ぐ権威者であるとしました。そして、この権威は帝権に優越するものであると主張しました。八五〇年には、この地上には教皇権以上の権威が存在しないことをうたった「教令集」が作られました。こうしてローマカトリック教会は教皇を頂点とし、一般信徒が底辺に位置する位階制度として確立していったのです。

一〇―一一世紀、ローマ教皇庁はヨーロッパ各国の王権を完全に服従させていましたが、その内側では教職売買や風紀の乱れが蔓延していました。教皇自身が淫乱の先頭に立つような、教会史上まれに見る事態を呈していたのです。教皇側の根拠としては、教会の権威は使徒ペテロに由来するものであること、およびそれは客観的なものであって個人の倫理的資質とは独立であるという教理がありました。この点について、小田垣の以下の指摘は適切です。

「暗黒世紀」の実情はこれらの教理が悪く発展した例であると理解することが可能であり、この実情にもかかわらず教会自体は権威を失わないという説明はあり得る。しかしもしそうならば、カトリック教会の権威なるものは、教皇とか司教の権威ではないこと、聖職者も人間としてはただの人間、時には最劣等の人間であることが確認されるべきであろう（小田垣［6］八五頁）。

一三世紀に入りますと教皇権は徐々に衰退し始めます。それは十字軍遠征の失敗や天候不順による飢饉、そしてペストの大流行が背景にあります。一〇九五年、教皇ウルバーヌス二世は、回教徒によって制圧された聖地エルサレムの回復のため第一回十字軍を編成します。その後一二七〇年までの間に八回、遠征軍がエルサレムに送られますが、結局失敗に終わり、第一次世界大戦までエルサレムは回教領でした。一〇―一一世紀にかけてヨーロッパを襲った飢饉、さらに一四世紀半ば、ペスト大流行が発生します。この流行は神の怒りだと信じた人々は、自分の体を鞭で打って罪の赦しを神に乞おうとする「鞭打ち運動」が起こりました。さらには死への恐怖と失望から、この世の快楽に走る者たちも出ました。

十字軍の遠征は東ローマ帝国の勢力圏への進出を意味しており、それがヨーロッパ商業の繁栄を促進させました。さらにペストの流行による人口減少は、労働力の不足をもたらし、農奴制に大きな打撃を与えました。こうした事態が近代商業活動への萌芽となっていったのです。教皇に制圧されていた国王たちは、商業資本と手を結び王権を拡大していきました。その結果、神聖ローマ帝国に代わって民族国家概念が芽生えることになるのです。

中世末期（一三〇〇年代）、教皇を中心とした封建的社会から人間性の回復に向けた動きが「ルネサンス」という形で現われます。天動説から地動説への転換（コペルニクス革命）は、単に天文学的発見の域を超えて、意識変革を象徴する出来事でした。この時期、イギリスの神学者ジョン・ウィクリフ（?―一三八四年）は、聖書こそが「神の律法」であり信仰の基礎であること、したがってローマ教皇は救いの仲保者ではないと断言し、後の宗教改革の礎的役割を果たしました。

暗黒の世紀と言われた中世において、真正面から聖書研究に取り組んだ神学者たちがいます。イギリスのロバート・グロステスト（?―一二五三年）やフランスのニコラス・オレーム（?―一三八二年）らは、現役の神学者であると同時に科学者でもありました。グロステストは司教の職にあって、オックスフォード大学における科学方法論の基礎を築いた科学者でもありました。またオレームは貨幣論、数学、天文学といった幅広い学問に精通すると共に、一三七七年にはノルマンディーの司教になっています。彼らは信仰と自然研究は両立するものと理解し、何ら矛盾を感じていませんでした。いわゆる「自然哲学」の立場からの聖書解釈で、中世神学の一つの特徴をなすものです。

中世を代表する神学として、「アレクサンドリア学派」と「アンテオキア学派」を挙げることができます。アレクサンドリア学派は、ユダヤ人アレクサンドリアがフィロン（紀元前三〇―後四五年）の提起した方法によった聖書解釈に立っています。フィロンは、聖書の表面的意味の下にあるものに目を留め、そこにある深い意味を見分けることが必要であると指摘しました。アレクサンドリア学派の聖書解釈は「寓喩主義（あることを語りつつ、語られたこと以上のものを意味する何かを見出すことが重要である）」です。すなわち、聖書の字義的解釈は、寓喩に訴えることによって補完されるというものです。ですからこの学派では、旧約聖書の預言書や歴史書において、隠れたキリストを見出そうとします。一方、アンテオキア学派は、聖書の歴史的文脈に照らして解釈することを強調します。すなわち旧約聖書の章句で、直接キリストを指すものと解釈できる箇所はほんのわずかでしかないという立場です。

伝統的聖書解釈の方法としては、字義的アプローチ、寓喩的アプローチ、適応アプローチがあります。特に適応アプローチは、神の啓示は文化的、人類学的に条件づけられた仕方と形式でなされるとする立場で、科学と宗教の問題に関わってきます。これは第2節で取り上げるテーマになります。

（2）-3　近代の神学

ここでは本書の意図との関連で、宗教改革から理神論、そして自由主義神学（近代主義神学）までの流れを展望することにします。

ローマ教会はフローレンスの会議（一四三九年）で「聖礼典」を七項目（「秘蹟」：洗礼・堅信・聖

餐・告解・終油・叙階・結婚）に定めました。そのうちの一つ「告解」は、悔悛《かいしゅん》・告白・許し・刑罰よりなります。さらに聖礼典とは異なりますが、「煉獄」という教理がありました。これは天国と地獄の間にあり、苦罰によって罪が清められた後、天国に入る中間的なところです。

中世末期のローマ教会の頽廃ぶりを象徴するものに「免罪符」があります。免罪符を買った人は、告解における刑罰だけではなく煉獄での苦しみも免れるというものでした。当時のヨーロッパ社会は、飢饉や長期にわたるペストの流行によって人々はまさに死と隣り合わせの状況に置かれていました。そうした大衆にとって免罪符は、自然な形で受け入れられたのかもしれません。

一五一七年一〇月三一日、アウグスティノ会の修道士であったマルチン・ルター（一四八三―一五四六年）は、免罪符に反対する「九五箇条の論題」をウィテンベルク城の教会の扉に掲示しました。彼は修道院で「神の義」に至るべく厳しい修行を自らに課しましたが実現できなかったこと、したがって人間がその罪から解放され救われるためには、神の恵みによる以外にないこと（「塔での回心」）を体験していました。

免罪符は、ローマ教会が天国や煉獄に影響力を持つことを暗示していますから、ルターにとって到底受け入れ難いものでした。さらに彼は、教会の権威主義や秘蹟、教職制度の否定を訴えることになります。こうしたルターの主張は、ドイツの封建領主たちをはじめ民衆の支持を集め、プロテスタント教会の基礎が定まります。やがてプロテスタントの動きはドイツから北ヨーロッパ諸国に拡大していきます。

宗教改革はルターに続いてスイスのハルドリッヒ・ツウィングリ（一四八一―一五三一年）とジャン・カルバン（一五〇九―一五六四年）によって推進されます。ツウィングリは、一五一八年にチューリヒの大聖堂司祭となり、礼拝様式の簡素化、聖画や聖像の除去などの改革に取り組むと同時に一〇分の一税の廃止、傭兵の反対など政治的問題についても発言しました。カルバンは一五三六年、ジュネーブで宗教改革運動に加わりますが、市会から追放されます。ところがその五年後に市民の要請によって再びジュネーブに戻り、精力的に宗教政治や宗教教育に取り組みます。その結果ジュネーブは、キリスト教的市民社会の典型的都市として全ヨーロッパに知られるところとなりました。

中世から議論の対象とされている神学上の問題に、救済論があります。すなわち神は、ある者は救い、ある者には地獄に落ちることを運命づけているのだろうかという問題です。神の絶対的権威を強調するカルバンは、この問題に対して「二重予定説」を提唱しています。「二重予定説」とは、神の救済にあずかる者と滅びに至る者はあらかじめ決められているとする教義です。この説によりますと、ある人が神の救済にあずかれるかどうかは予定されているのですから、滅びに至ると予定された人がこの世で善行を積んだからといって救済されることはないということになってしまいます。換言しますと、キリストの十字架を信じ、聖い生活を全うしたキリスト者であっても救いに至れないということになります。そこには神の愛や憐みは感じられません。ただし、カルバンはその点について、滅びが予定されている者は、上のような信仰が与えられない人であり、全能なる神はそのことを知っていると主張するのではないでしょうか。

カルバン予定説に対して厳しい批判を投じたのは、メソジスト教会の創始者であるジョン・ウエスレー（一七〇三―一七九一年）です。キリストの十字架は救いに予定された者のためだけではなく、すべての人の救済のためであったこと……ただしその救いを受け入れるかどうか、すなわちキリストの死が自分の罪の贖いのためであったと信ずるかどうかは、その人の選択によるというものです。ウエスレーはこのように「先行の恵み」による教理に立って、カルバン予定説に反論したのです。

ウエスレー神学のもう一つの柱は、「キリスト者の完全」です。これはキリストを信ずる者は、日々の生活において聖化され、完全な状態にならなければならないというものです。ウエスレーのこの教理に対して、小田垣は「罪即義という福音主義的信仰は、完全というような静止した状態になることはない。なぜなら罪即義とは矛盾であり、矛盾は常に流動的なものであるから」（小田垣［6］一七四頁）と述べています。この点については第5章で考えることにします。

一六―一七世紀は、教会の権威主義から徐々に人間性回復の思考に意識の転換がなされていった、いわゆる啓蒙時代です。この時代、数学者、物理学者であり、同時に神学者でもあったブレーズ・パスカル（一六二三―一六六二年）のように、アウグスティヌス的信仰に立ち、理性ではなく「心情の論理」によって神を見上げる姿勢を貫いた人物がいた一方で、人間の理性に基づいて真理と神の関係をどのように認識し調和させていくか、いわゆる「理神論」に向かう神学者の一群が生まれました。エドワード・ハーバート（一五八三―一六四八年）がその先駆者とされ、一七―一八世紀にイギリスを中心として展開されました。「理神論」では、天地創造は神によってなされたとしますが、ひとたび創造された以上、世界はそれ自身の法則に基づいて動くと主張されます。しかもその法則は、人間の理性によって認知できますから、神の摂理や奇蹟は認められないとされます。「理神論」は突き詰めると「自然の神格化」につながる可能性があります。同時に、それは人間によって考えられた構図であり、人為性から抜け出ることはできません。ウエスレーは、人為性とは異なる福音主義の立場から「理神論」に対抗しました。先述しましたように、ウエスレーはカルバン予定説に反対し、万人救済説を唱えましたが、予定説を批判する「アルミニウス主義」を受け入れます。アルミニウス主義に立つ神学者は、「この世に生を受けた人で、全的堕落の状態で放置される者は一人もいない。キリストの十字架の贖いの恵みによって、少なくとも神の呼び掛け、救いへの招きに応答する能力が回復されている。」と主張します。それに対してカルバン主義は、全的堕落をそのような能力すら持たない堕落した状態だと考えます。カルバン主義とアルミニウス主義の激しい論争が続く中、「理神論」そして「自由主義神学」の台頭が著しくなったため、これらの神学的敵に立ち向かうべく両者の論争は沈静化し、互いに相手を異端視することはなくなりました。

一八世紀はイギリス理神論に見られるように、宗教をも合理的に考えようとする理性の時代でした。

こうした中、「自由主義神学（近代主義神学）」が生まれます。この立場の神学者たちは、ダーウィン進化論を含む科学的成果を受け入れ、聖書に記されている天地創造、ノアの方舟、バベルの塔などは神話的要素を持つとし、必ずしも科学的、歴史的事実とはみなしません。それらは宗教的に有益な寓話・説話であるとします。すなわち彼らは、聖書を「神の霊感によって書かれたもの」として捉えるのではなく、古文書学や考古学、史学の成果を活用し、現代的課題に即したキリスト教信仰の再構築を試みようとしたのです。特に急進的な自由主義の人々は、処女受胎や復活を事実として受け入れません。こうなりますと、三位一体の神を信ずる信仰から離れ、宗教性そのものが問われることになります。

ここで第1章において、私が「進化論と創造論の統合」や「自然デザイン論」という語を用いた意図について述べておきましょう。神は六日目に天と地、およびそのすべての万象を完成しました（「創世記」第二章第一節）。それ以降今日まで、創造のわざはなされていません。しかしながら、私たちは現在一五〇万もの生物種と複数の人種の存在を確認しています。それは何らかの遺伝学的変異によって、変わるべくして変わった結果であると考えなければなりません。そこに「進化」という言葉を充てたとしても私は何の違和感も覚えません。今西錦司は、進化は生物それ自身の内に必要に迫られて起こると主張していますが、私は進化のメカニズムは創造の際に神の計画の内に組み込まれていたと考えます。

「理神論」の説明では、時計職人の例がよく引き合いに出されます。ひとたび時計が作られてしまえば、時計は職人の手を離れ、それ自身の法則によって時を刻んでいくというものです。すなわち、製作された後、職人が何もしなくても時計は動くというわけです。私の言う「神の計画のうちに進化が組み込まれていた」というのは、時計職人の例とは本質的に異なります。神は、創造の際に進化の方向をデザインされていたと同時に、進化の過程でその方向を変えることも可能であったはずです。それは決して新たな創造を意味するものではありません。例えばノアの洪水は、天に命じて起こした神のわざです。さらにイエスがいちじくの木を枯らしたこと（「マタイの福音書」第二一章第一九節）、神があらしを静め波がないだこと（「詩篇」第一〇七篇第二九節）などは天地創造の際に、ちょうどその時そうなるように組み込まれていたのではなく、神の命令に万象が従うように創造されたことを示しています。明らかに、時計職人とは違います。「進化のメカニズムが創造の際に組み込まれていた」という私の言葉は、その奥に神の計画に従って進化がなされたという意味を含んでいるのです。ノアの洪水は、神が堕落した人間を滅ぼすためになされたわざですが、天地創造の際、自動的にその日、その時に洪水が起こるべく組み込まれていたのではないのです。

ここで疑問なのは、進化の結果、なぜ膨大な数の生物種が生まれたのか、なぜ複数の人種に進化するように人は創造されたのかという点です。しかし、これは人知で計り知ることはできません。

第2節　宗教と科学――その対立と融和

(1) 宗教とは何か

A.E.マクグラスは「宗教とは、神的あるいは霊的存在に関するある信仰と関係するものである。」と定義しています（マクグラス［36］三八頁）。この定義の下では、宗教には神的あるいは霊的存在に関わる超自然的領域において、信仰とそれに基づく何らかの行為の発生を伴うものと考えられます。一方、人間の内的側面から捉えた時、宗教とは自我中心から実在中心への霊的変革を可能にする働きであると言うことができます。実在とは人間によって経験された実在者、すなわち創造し、贖罪し、聖化する存在としての神です。

一般的に宗教の特性は、排他性と包括性を同時に有するという点に見出されます。排他性は自分の属する宗教の教えが真理であると確信することから生まれます。真理は複数存在しませんから、当然、排他的となります。包括性とは、すべての人に教えは開かれているというところから生じます。キリスト教については、キリストの十字架の犠牲によって与えられる恩寵は、信仰により応答する人のみならず、十字架の意味すら知らない人の上にも注がれているということです。

排他性がある限度を超えますと、宗教間で激しい対立が生じます。典型的事例としては、プロテスタントが真正なキリスト教の回復なのかを論点として、プロテスタントとローマ・カトリックとの間で生じた三〇年戦争（一六一八－一六四八年）があります。ボヘミアにおけるプロテスタントの反乱をきっかけに勃発したこの争いは、ヨーロッパ全域に拡大し、宗教戦争から国家間の戦争に変化していきました。このように宗教を介して人間と人間、民族と民族、国家と国家の争いに至ることがしばしばあります。前節で述べました十字軍の遠征も、教皇側にエルサレム奪還以外の思惑がありました。

武田龍精は「おのれの信奉する宗教こそが絶対的、普遍的であり、無上最勝なる宗教であると信じて排他的に行動することほど危険なことはない。」と警告しています（武田［15］二六頁）。しかし武田のこの警告は、別の局面での危険、しかも宗教にとって本質的な危険を生む結果につながりかねません。イエスは自分を十字架につけた、いわば敵に対して「父よ。彼らをお赦しください。彼らは、何をしているのか自分でわからないのです（「ルカの福音書」第二三四章第三四節）。」と叫び、息を引き取りました。イエスは自分を殺そうとしている者のために祈ったのです。このような、イエスに限りなく近づこうとするのがキリスト者の信仰です。ですから、宗教上の教義に相違があったからといって、互いに議論を交わすことはあっても争いに至ることはありません。もしあったとすれば、「あなたの敵を愛せよ」というイエスの教えから離れたことになります。宗教における排他性とは、自分の信じている教えが真理であるという確信から自ずと生ずるものですから、それが危険だとして回避するならば、その人の信仰そのものが崩壊してしまうでしょう。問題は個の集まりとしての全体が、個とは独立した動きを示すときに危険な状態が起こるのです。宗教という名のもとに殺戮や不条理な行為が繰り返される一方、信仰に基づく愛を注がれて多くの人々の命が守られ、あるいは霊的救いを経験する人々もいるのです。私は、宗教とは「神を愛し、神に愛され、その愛に基づいて他者を愛する霊的変革に至る信仰をもたらすもの」と理解しています。

(2) 宗教と科学はなぜ対立するのか

一五世紀、「天動説」の時代には、地球中心の世界観に立った聖書解釈がなされていました。例えば「創世記」は、地球を中心とした宇宙を示すものと解釈されていました。この時代には宗教と科学に何の対立もなく、神学者であり同時に自然科学者であった人物を探すのに苦労はしません。一六世紀になって「コペルニクス革命（地動説）」が起こり、人々の世界観は大きく転換します。さらに一七―一八世紀にかけてニュートンの「万有引力の法則」（二つの物体の間に働く力は、両物体の距離の二乗に反比例する）が、世界の科学界に大きなインパクトを与えました。この法則は天体でも地上でも成り立つことが示され、したがって宇宙は、この法則の下で動く巨大な機械であるという認識が人々の間に広まりました。すなわち神は天地を創造しましたが、その後は一定の法則に従って存続する被造物に対して神の関与はなされない……神の臨在を否定する神理解に立つ「理神論」が生まれたのです。

宗教と科学の距離を広げるに至った決定的出来事は、一九世紀のダーウィン進化論の登場でした。人間は神によって神のかたちに似せて創造されたのではなく、サルから進化した存在であるということになれば、しかもそれが科学的根拠に基づいているとなれば「創世記」のみならず、聖書信仰そのものに衝撃を与えることになりかねません。

進化論の衝撃が沈静化し、それが科学的理論として定着してきますと、宗教と科学の乖離は一層拡大していきました。それは、まさに中世の宗教文化と近代の科学文化の対立となって現われたのです。もはや宗教と科学の対話は閉ざされ、互いに無言の状態が続くことになります。J．モルトマンたちは、自然科学者と神学者の対話が欠落している理由として以下の三点を挙げています。

①自然科学者は自分の領域で、神学領域に関する認識を取得しようとしない。
②両者を仲介する哲学が欠けている。
③観察と実験によって自然科学的になされる自然の経験（客観的で繰り返しがきき、普遍・妥当的なもの）と宗教的経験（主観的で繰り返しがきかず、特殊なもの）を調和させることがきわめて困難になってきている。（モルトマン［39］四五―四六頁）

今日では、聖書に接する科学者が少なく、また自然科学の成果を吸収しようとする神学者もまれです。この現実についてモルトマンらは、「自然科学的認識が少しでも神について語り、神学的洞察が少しでも自然について語る、そのような『自然神学』に賛同する」（モルトマン［39］一〇〇頁）と述べています。

ここで再び、「理神論」や「自由主義神学」とは異なる視点から、第1章で提起された「進化論と創造論の統合」を考えていただきたいのです。もちろん、これも進化論と同様に一つの理論仮説です。しかしこの仮説によって、聖書に何かを加えたり削ったりすることなく、しかも進化論の科学的成果を否定することもなく、生物（人間を含む）世界の存在が整合的に説明可能になるのです。私は、宗教と科学の対立は自然観の相違にあると考えています。科学は機械論的世界観、すなわち自然は何らかの法則に支配されて存在するという立場で論を展開しますが、宗教は、自然は神の意志によって創造されたという目的論的世界観（信仰）に立ちます。ここで、自然を存在せしめた法則が何によってもたらされたかという問いに対して科学は応じません。この問題（存在の絶対的根源をめぐる問題）を介して、宗教と科学の接点が見出されるのではないかと私は考えています。私は自然科学者ではありませんし、神学者でもありません。両者を外側から観察し、互いの接点を見出そうとする私の試みは、本書の執筆を決意した動機の一つなのです。

(3) 宗教と科学の接点

宗教と科学の接点を見出すことはきわめて重要です。ホワイトヘッドは「将来の歴史は、現世代が宗教と科学の関係について下す決定によって左右されるといっても過言ではない。両者は（単なる衝動は別として）人を動かす最も強力な大きな力である」（ホワイトヘッド〔32〕第六巻二四三頁）と断言しています。すなわち宗教と科学の関係は、歴史を左右すると同時に人を動かす原動力になるというのですから、両者は相互に補完すべき関係になければなりません。

同様の見解は中村雄二郎にも見られます。彼は「科学と宗教の立ち入った関係を明らかにすることは、科学の核心に触れるとともに人間そのもののあり様を根底から問いなおすことになろう。」（中村雄二郎「序説・科学の体系と宗教」岩波講座〔5〕三頁）と述べています。

科学者はある方法において現実体を知覚し、そこに宗教的（神的）経験をします。一方、宗教は、ある特殊な感性的、霊的経験の過程において何らかの科学的概念を認知します。科学における宗教的経験と宗教における科学的概念の認知が宗教と科学の接点になります。自然科学は客観的ですが、決して没価値ではありません。かつてアインシュタインは、宇宙のベールを取り払うと、そこから神の啓示、すなわち秩序、調和、そして創造の壮大さを見ると言っています。そして宇宙を完全な調和に保つ見事な法則を意識するとき、自分がいかに小さい存在であるかを知ると述懐しています（ヘルマンス〔27〕一一一頁）。さらに彼は、「隣人愛から遂行しないものに真の価値はない」（ヘルマンス〔27〕一八九頁）、また「宗教と科学は調和するものだ。宗教を欠いた科学、科学を欠いた宗教、どちらも不備なものだ。両者は互いに依存しており、真理の追求という共通の目標を持っている」（ヘルマンス〔27〕一五七頁）と述べています。明らかにアインシュタインは、相対性理論の構築過程で科学における宗教的経験を持ったのです。
マクグラスは、自然法則の特質として挙げられる普遍性・絶対性・永続性・万能性（それが及ばない領域が存在しないという意味で）は、伝統的な神の属性とされるものに驚くほどよく似ている（マクグラス〔36〕一二七頁）と述べています。ここで、一九三四年におけるエミール・ブルンナーとカール・バルトの論争を取り上げてみましょう。

【ブルンナーの議論】

人は神の像に創造されたので、人間の本性は神の実在を認知できるように構成されている。それゆえ人間の罪性にもかかわらず、自然の中に神を知り、罪を自覚する能力を有している。すなわち、神の啓示を認知する能力が人間の本性に存在している。これが「接触点」であり、神の啓示とは、先行知をすでに有している人間の本性に対する語りかけである。例えば、新約聖書は「罪の悔い改め」を求めている。この言葉は「罪」が何であるかについての何等かの知識を持っていないならば、何の意味もなさない。すなわち、福音による罪の悔い改めの要求は、「罪」と「悔い改め」の意味について何らかの知識をすでに持っている聴衆に向けてなされているのである。啓示によって人間は、罪の意味を十分に理解する。しかし、それは罪に関する従来からの知覚の上に積み上げるという意味で、そうするのである。

【バルトの反論】

ブルンナーの議論では、あたかもご自身が知られるため神は補助を必要としたとか、啓示の業において人間が神と協労したかのように主張することになってしまう。人間本性そのものには接触点などは存在しないのであり、「接合点」があるとすると、それはすべて神の啓示の結果なのである。接触点は、人間本性のなかに内在的にあるものではなく、神のみ言葉によって喚起させられるものなのである。

（マクグラス［36］一三二頁による）

ブルンナーの「接触点」は人間の本性に内在するものとして捉えられていますが、バルトはその点に反論したのです。それに対して「接合点」は、宗教的営為と科学的営為の結果として生ずる何らかの一致点を意味するもので、バルトもそれについては否定していません。

「接合点」の議論は、いわゆる「自然神学」の領域に踏み込むとき生まれます。「自然神学」とは、信仰と現実世界（自然界や社会）の構造との間における調和がどのようにして保たれるかを信仰に立って問うものです。神学者の中には、それは神の存在証明を意図した神学であるとする人がいますが、決してそうではありません。「自然神学」とは神の実在を前提にした上で、自然（社会を含む）の中に存在する秩序の探求を通して信仰の正当性を確証する営みなのです。それは第一に、人間の理性に関わる問題です。人間の本性には論理的に考える能力が具備されており、論理的思考を通して神の属性の一つである「永遠」を認知できるのです。第二は、世界の秩序性と信仰の間に根本的な整合性が確認されるという点です。例えば遺伝の仕組みの解明により、神によって創造されたアダムとエバの子孫が複数の人種に進化したという認識を可能にするのです。第三は自然の美しさ、その完全なる調和と神の創造のわざとの関係の確証です。

「自然神学」が創造主としての神理解に基づくのに対して、「啓示神学」は贖い主としての神理解の上に立っています。聖書は両者について、以下のように明確に語っています。

【創造主としての神】

■わたしは万物を造った主だ。わたしはひとりで天を張り延ばし、ただ、わたしだけで、地を押し広げた。（「イザヤ書」第四四章第二四節）

■このわたしが地を造り、その上に人間を創造した。（「イザヤ書」第四五章第一二節）

■地を造られた主、それを形造って確立された主（「エレミヤ書」第三三章第二節）

■あなたは天の法令を知っているか。地にその法則を立てることができるか。（「ヨブ記」第三八章第三三節）

【贖い主としての神】

■私たちは、御子のうちにあって、御子の血による贖い、すなわち罪の赦しを受けているのです。

（「エペソ人への手紙」第一章第七節）

■栄光の父が、神を知るための知恵と啓示の御霊を、あなたがたに与えてくださいますように。

（「エペソ人への手紙」第一章第一七節）

「自然神学」と「啓示神学」の調和を実現するものは、秩序と聖霊（御霊）です。天地万物の秩序を会得するだけでは「神について何かを知る」ことはできません。聖霊の働きが伴わなければ、単に知識を得たにすぎないのです。私たちが自然の教える知恵を無視するとすれば、自然の中に身を置く自己の生にベールが覆われ、御霊による神との交わりを希薄化させるでしょう。私は「自然神学」と「啓示神学」の調和に想いを寄せるとき、旧約の時代において神は人を全焼の供儀としてささげる要求を一度もしていないことに心が留まります。キリストに対してだけそれを負わせたのです。そこに「神の愛」が集約されているのです。この事実の認識なくして「自然神学」と「啓示神学」の調和はあり得ません。

宗教と科学の融和の原点は、「自然神学」と「啓示神学」の調和の内に存在します。両者の調和が実現するところに、宗教における科学的概念が浮上するからです。すなわち、人が信仰に基づき聖霊の働きを介して贖い主の存在を覚えると同時に、その人が理性に従って認知する自然界（社会を含む）における秩序を通して再び聖霊により贖い主と交わる経験を持つのです。宗教と科学のやり取りが円滑になされる時、世界は安定した状態を実現します。「創世記」第一章第二八節で、神は人に「すべての生き物を支配せよ」と命じました。これは、地上の秩序を保持する責任が人間に課せられたことを意味します。人間が欲望に任せてその責任を果たさなければ、大地は不毛となります。

(4) 社会科学と宗教

ここまでは科学という語を用いる時、自然科学が想定されていました。ところが「宗教と科学」の問題を論じる場合、自然科学だけでなく社会科学も射程に入れないと説得的な議論は生まれません。「自然神学」を広義に解釈すると、神は自然と共に社会をも何らかの秩序をもって制約（支配）していると言うことができます。社会科学は社会現象を分析対象としていますので、人間の自由意志に基づく行動と深く関わります。ですから社会科学は、この点で自然科学と決定的に相違しています。神はそうした自由意志の下での人間行動の結果として生ずる社会現象に対して、どのような仕方で制約しているのでしょうか。以下、人間の経済活動を事例としてこの問題を考えてみましょう。

現代の企業にとって、不断の研究開発活動は必要不可欠な要件です。自らがイノベーターとなる場合はもちろんのこと、他企業が開発した新技術を利用する場合においても、研究開発への積極的関わりを絶えず持ち続けていなければなりません。J．A．シュムペーターは九〇年以上前にこの現実を察知していました。彼は、木炭から溶鉱炉へ、駅馬車から飛行機へと不断に古きものを破壊し新しきものを創造して、絶えず内部から経済構造を革新化する産業上の突然変異が起こると主張しました（シュムペーター［11］）。その過程は「創造的破壊」と呼ばれ、広く知られています。明らかに創造的破壊の主役はコスト削減的技術ではなく、新商品や新たな組織形態に関わる技術です。

このような質的技術革新のプロセスでは、企業はきわめて高い不確実性に直面します。それは、新製品ないしは改良された製品が、企業家によって予測された需要を実現するかどうかという問題です。新製品や改良製品の開発に要した資源投入分のコストを回収し、かつ超過利潤を獲得するためには、企業は新たな需要を創出しなければならないのです。

ここでM-N構造（本書「はしがき」に解説あり。詳しくは、永井［23］第3章および第5章参照）という概念が提起されます。新製品をめぐる消費者と生産者の相互作用に関わるものがM構造です。それに対してN構造は自然界の秩序に関わるもので、両構造の連関を明らかにすることが要請されます。生産者は、新製品の品質を広告・宣伝を通して消費者にアピールし、自分に有利になるよう誘導しようとするでしょう。さらに、絶えざる他企業との競争を余儀なくされている現代企業にとって、生産性の向上は不可欠です。

このように、M構造は人為的・経済的要因からなり、時間と共に変容しつつ市場に関与します。他方N構造は、M構造の変容を一方的にコントロールする実体として市場に関わりを持つのです。

M構造はその内的パワーによって自由に変容を遂げようとしますが、N構造が制約要因となって現われるのです。すなわち、企業が消費者の欲求を刺激しつつ、最大利潤の追求を目的として品質の向上を意図しても、自然界の秩序の下で技術上の制約を受けることになります。その結果、利潤最大化に失敗する事態に陥れば、企業は何らかの計画にしたがって供給を行わざるを得ないでしょう。そうして定められた品質水準が需要曲線を確定させ、価格、数量の組が定まります。このように生産物の品質を決定せしめる要因は、M、N両構造の力学的関係によるものと考えられます。

人間が自由意志の下でどのような経済行動を取ったとしても、神が定めた秩序、すなわちN構造によって制約を受けるのです。それによって市場は大きく変化します。ここで重要なことは、経済学者が上の状況を認識し、アインシュタインが経験したように、聖霊の働きを受けて贖い主を覚えるという宗教的経験をすることです。その時、経済学は大きな変容を遂げることになるでしょう。

R．N．ベラーは「社会科学と宗教の間には一方が増えれば、一方が減るといった機械的関係があるのみで、近代世界における科学の伸長や多くの関連的現象の勃興が宗教を着実に衰退に追い込んでいると考えられる。」（ベラー〔28〕一一二頁）と述べています。すなわち、一八－一九世紀のキリスト教信仰（処女受胎や復活など）は、さまざまな科学分野の発展によってその現実性が問われ、危機的状況にあるとベラーは言うのです。この状況をさらに深刻化させたのは、社会科学からの宗教批判でした。カール・マルクスに代表される社会主義経済学者たちは、経済的、社会的に下層階級の人々を悲惨な生活の下に忍従させるべく意図された偽善集団として宗教をみなす傾向が高まったのです。「宗教は阿片である」としたマルクスの言葉が、それを如実に物語っています。

ところが二〇世紀末から二一世紀にかけて、人々の世界観に変化が出始めます。それは「社会的に望ましい技術」、「豊かさの中の貧困」、そして「限定合理性」といった言葉が象徴するように、科学万能主義への反省を示すものでした。社会的に望ましい技術とは何か、人間にとって真の豊かさとは何か、合理的行動は人を幸せにするのかなど、科学では解決し難い問題を人々が自覚し始めたのです。そうしたさまざまな問題が、現代科学の課題として社会に突きつけられているのです。

第3節　現代科学の課題

二〇世紀末から今日に至る科学技術の進歩には目覚ましいものがあります。けれども現代は、科学の方向それ自体に矛盾を露呈しています。原子核の研究はエネルギーや軍事力といった「力」を獲得する動きですが、生化学や遺伝学の研究は人間の尊厳に関わる分野です。個々の研究者がどのような研究を志し、それに従事するかは自由ですが、その結果、社会全体として科学の方向が定まっていきます。その場合、どのような研究分野に限られた研究資源を、どれだけ配分したらよいかという問題が生じます。これはきわめて重要であり、科学的分析によって答えを見出すことがほとんど不可能に近いという意味で深刻な問題なのです。

ジョン・フォージは、「科学は物ではなく人の営みであるので責任の問題が発生し、その場合科学者の責任は彼らの行う研究に対してばかりではなく、その使用に至るまで及ぶ。」（フォージ〔30〕二一三頁）。と述べています。彼はまた、科学の成果は

①　物質的繁栄に関わるもの

②　ものごとについての我々の考え方に関わるもの

があり、科学者の責任も二種類に及ぶとしています（フォージ〔30〕二一一頁）。

一般に研究活動は、大まかに基礎研究と応用研究に分けられます。前者は、その成果がどのように利用されるか予測できる場合と、ほとんど予測できない場合があるでしょう。例えば「アインシュタインの方程式」が、発見から三五年後に原子爆弾の爆発力を見積もることに利用されるとは、アインシュタイン自身予期していませんでした（後に彼自身、言明しています）。それに対して応用研究は、ある明確な目的に沿ってなされます。ですから、基礎研究は大学や政府機関、応用研究は産業界が中心となって行われています。

今日では多くの場合、研究者は何らかの組織に所属し、それぞれの研究対象に取り組んでいます。そのため、政府機関や産業の研究所に所属する場合には、研究対象はかなり制約されるでしょう。それどころか、場合によっては研究課題が強要されることもあるでしょう。しかし、いかなる研究環境にあっても、科学技術の社会に与えるインパクトの大きさを考慮しますと、研究者の倫理が問題にな

るのです。

およそ研究者は、自分の携わっている研究の到達点について強い関心を持っているはずです。そうでなければ成果の予測ができないからです。ただし、研究の過程で想定外の発見をすることもあり得るでしょう。したがって、成果のすべてを予測できるとは限りません。例えば、研究者Aの倫理的判断事項は、次の四項目で構成されると考えられます。

① 成果が直接、他者に危害を与える。
② 成果が間接的に他者に危害を与える。
③ 成果が他者に危害を与える可能性はない。
④ 成果が他者に危害を与える可能性について判断できない。

①および②については、Aは自分の研究が何らかの形で他者に危害を与えることを知っているのですから、その行為は明確に倫理的責任を伴います。ただし②については、正当化されるべき根拠が見出される可能性があります。すなわち、研究成果が間接的に引き起こす危害と、その成果によって防がれる別の危害が存在し、後者の危害が前者のそれより明らかに大きい場合、この研究を遂行していくことの正当性を否定できないでしょう。例えば、ウランの核分裂特性に関する基礎研究の成果は、間接的に原子爆弾の製造に貢献することになりますが、一方で、利用の仕方によっては本来生ずる危害の回避につながるでしょう。ところが、ここで真に正当化されるかどうかという問題が残ります。

この事例では、実際に原爆が投下されないという条件下で正当化されると言うべきかもしれません。しかしながら、基礎研究に携わるAは、直接的、そして間接的にも原爆投下に関与しないでしょう。原爆製造に直接関わった他の科学者、および原爆投下を決断した政治家によって危害は現実のものとなるのです。

他方、原爆製造に直接関与した科学者Bの倫理的責任はどのように論じられるべきでしょうか。彼は多くの人に直接危害を与える研究に従事していることを明確に知っているのです。いま、次のような例話を想定してみましょう。私は重要物品を指定された時間までに、ある場所に届けるために深夜、自動車を走らせているとします。その途中でひき逃げ事件を目撃し、被害者が路上に倒れているのを確認しましたが、任務を遂行するためにそのまま現場を通過したとしましょう。この場合、私に法的責任は問われないにしても、倫理的責任は免れません。逆に、私が被害者を救済するため自動車を止め、救急車を呼ぶなどの措置を取ることによって任務が果たせなかった場合、私には正当な理由が存在すると判断されるでしょう。原爆製造に携わっている科学者Bの問われるべき倫理的責任は、この例話における私の責任とのアナロジーで捉えることができるのではないでしょうか。Bに法的責任は全く問われないどころか、彼は所属する軍事研究施設から称賛されるでしょう。問題は、彼が自分の身を軍事研究施設に置いたという事実であって、そこに彼の倫理感が問われるのです。

最後に④のケースを検討します。他者に危害を与える可能性を判断できないと言うとき、問題となるのは、彼が積極的に判断しようとする意思を持っていたかどうかです。そうすることによって、他者に危害を与える可能性を知り得たかもしれないのです。その場合には、彼は「知るべきであった」にもかかわらず、「知らなかった」という倫理的責任が問われるでしょう。

科学者の立場、特に基礎研究に携わっている者の立場からしますと、「自分は科学的真理を純粋に探究しているのであり、その成果が他者に危害を与える形で応用されるかどうかは、他の科学者の倫理的問題ではないか」という見解が生じ得ます。しかしながら、従事している基礎研究の成果が他者に危害を及ぼす方向に応用される可能性を「知るべきであった」と判断される場合には、倫理的責任を免れないでしょう。

研究主体の倫理問題は、何を研究対象とするべきかという方向にも拡張されます。現在、マラリアやエイズなど発展途上国に多い疾病に対する研究が軽視され、利用可能資金も相対的にきわめて少ないのです。ここで、先進国の製薬会社で働くか、国連のマラリア対策プロジェクトに従事するかという研究者の選択の問題が生ずるのです。次のフォージの見解は、傾聴に値します。

生物医学の科学者たちが現在のところ軽視されている九割の疾病について研究するよう促されるべきであるのは明白だと私は思う。それらは最も多くの人々に影響を与え、差し迫った救済の必要があるのである。経済的視点ではなく倫理的な視点から言えば、マラリアに罹ったアフリカの貧しい婦人は、糖尿病と高コレステロールを患うオーストラリアの裕福な男と同じだけ重要であり、後者に対して前者が比較的軽視されているとすれば、生物医学の科学者にとって適切なことは、前者に対する治療とセラピーに向けた研究へと自らを捧げることであるように思われる（フォージ［30］二四〇―二四一頁）。

以上のように研究者の倫理は、科学技術の社会に与えるインパクトがきわめて大きいことから、研究者の自由な行為に対する制約を課すことになるのです。

かつてアインシュタインは「もし私が広島や長崎のことを予見していたなら、一九〇五年に発見した公式を破棄していただろう。」（ヘルマンス［27］一八八頁）と述べました。個々の科学者が宗教的経験に立って科学することの必要性が、現代の科学界に問われていると私は痛感しています。そのとき、科学者自らの倫理的責任は全うされていくでしょう。科学技術の進歩が著しい今日、これまでになく「宗教と科学」の論議が必要とされているのです。

第3章

地球物理学が明らかにした宇宙創成の驚異

およそいかなる芸術作品も作者の個性、すなわち作風が現われるものです。同様に、天地万物が神によって創造されたのであれば、何らかの形でその痕跡ないしは創造の意図が被造物に投影されているはずです。パウロは、「ローマ人への手紙」第一章第二〇節において、神の見えない本性（神の永遠の力と神性）は世界の創造された時からこのかた、被造物によって知られ、はっきり認められるのであって我々に弁解の余地はないと断言しています。本章では、「神の永遠の力と神性」が具体的にどのような形で被造物である宇宙、そして私たちの地球に啓示されているか、地球物理学の研究成果を踏まえて確認します。

なお本章における地球物理学一般に関する解説は、内藤玄一他［21］、佐藤勝彦［8］、中川人司［22］、都築卓司［18］、丸山茂徳他［31］に、第2節の相対性理論に関する数式①〜④については佐藤勝彦［9］（二〇三―一三八頁）に拠っていることを記しておきます。

第1節　宇宙創成の驚異

(1) ビッグバン理論と宇宙背景放射

「永遠」とは「無」の状態を意味し、私たちの認識している物質・空間・時間が存在しない世界です。約一三七億年前に、そうした「無」の中から小さな超高温の火の玉として無数のミニ宇宙が生まれました。そのうちの一つが爆発的な膨張（インフレーション）を始めたのですが、一回目の膨張の時間は10^{-44}秒（一秒の一〇〇〇兆分の一の一〇〇〇兆分の一、さらにその一万分の一）という想像を絶する短さでした。この時間は、今日考えられている最短のもので「プランクの時間」と呼ばれています。この爆発的膨張がビッグバン、すなわち宇宙誕生の瞬間で、第一回目の相転移（突如として空間の秩序がひっくり返り、ある時点を境にして物質の性質ががらりと変わること）による出来事です。この時の宇宙の温度は10^{32}度（一兆度の一兆倍のさらに一億倍）で、宇宙創成以後、今日までに存在した最高の温度でした。しかも空間の膨張速度は、光の速度よりもはるかに速いものでした。後述する相対性理論では、光速が最高であるという結論ですが、宇宙創成の時には当てはまりません。

一回だけのビッグバンで宇宙がそのまま膨張し続けたと仮定しますと矛盾が生じます。宇宙空間の密度（一定体積内の質量の大きさ）が大きい（小さい）と、やがて宇宙は収縮（膨張）します。ですから、誕生直後の宇宙で、密度が一定値より大きかったとしますと、膨張は短時間で止まり収縮に転じ、今日、宇宙は崩壊しているはずです。その逆であれば膨張が速過ぎて、星や銀河のもとになるガスが重力によって集まる速度よりも、宇宙膨張によってちりぢりになる速度のほうが速くなり、星雲や銀河は生まれず、人間の生存も不可能になります。ところが、現在の宇宙は安定的膨張を続けています。

宇宙が誕生して10^{-36}秒後に二回目の相転移が起こりました。この時の温度は10^{28}度で、物質はムラなくどちらの方向にも広がる状態でした。このことを「宇宙は初期において平坦であった」と言います。

インフレーションの後、宇宙は通常のビッグバンで再び広がり始めます。10^{-11}秒後には第三回目の相転移が起こります。その時の温度は10^{15}度であり、宇宙の大きさは一〇〇〇万㎞（現在の地球と月の距離より長く、地球と太陽の距離より短い）でした。さらに10^{-4}秒後に第四回目の相転移が起こりました。温度は10^{12}度（一兆度）で、これが最後の相転移です。この相転移によって、宇宙空間の物質に大きな変化が起こりました。クオークと軽粒子（レプトン）が物質の最小単位ですが、クオーク二つがくっついて中間子、三つがくっついて重粒子（バリオン）になります。中間子とバリオンを総称してハドロンと呼びます。四回目の相転移で一兆度まで温度が下がったことにより、単独で飛び回っていたクロークは閉じ込められてハドロンに変わり、宇宙は素粒子だけの世界になります。そして宇宙創成三分後には温度が一〇億度まで下がり、陽子や中性子が結合して原子核が生まれました。さらに温度が四〇〇〇度になった三八万年後には、原子核の周囲に電子が集まり、原子が形成されるようになります。電子が飛び回る状態では光は散乱し一直線に進みませんが、原子が形成されることで電子（宇宙のちり）の数が減ってきますと宇宙は澄んできます。これを「宇宙の晴れ上がり」と言います。その後、宇宙は自然体で膨張して、現在のような姿になったのです。

以上のビッグバン理論が正当であることの根拠になったのが、ベル研究所（アメリカ）のアーノ・ペンジアスとロバート・ウィルソンによって一九六五年に発見された「宇宙背景放射」です。これは最も過去の宇宙からやって来る光、すなわち宇宙を一三七億年間走り続けて地球に到達した光のことです。「宇宙の晴れ上がり」が起こったときの光は、四〇〇〇度の物体から出た波長の光になっています。ところが宇宙の膨張によって波長は引き伸ばされます。膨張が進むと波長はさらに引き伸ばされ、目に見える光ではなくなり電波になります。宇宙創成から一三七億年間宇宙は膨張を続けていますから、「宇宙背景放射」は電波となって現在の地球に届いているのです。ペンジアスとウィルソンは原因不明の電波が二・七三ケルビンの波長の電波であることを確認し、ビッグバン理論の正しさを証明するものだと考えたのです。二・七三ケルビンとは、絶対零度より二・七三度高い温度のことです。温度は物質を構成する分子の運動エネルギー、すなわち分子どうしが衝突し合うことで熱を発することから生じます。ところが宇宙空間には物質はほとんどありませんから、分子の運動もなく、絶対零度とはそのときの温度（セ氏マイナス二七三・一五度）を指します。ですから二・七三ケルビンは、セ氏マイナス二七〇・四二度のことです。ＮＡＳＡの観測衛星ＣＯＢＥ（コービー）によって、「宇宙背景放射」の温度はセ氏マイナス二七〇・四二五度（二・七二五ケルビン）であることが判明したことから、現在、ビッグバン理論は宇宙論の標準になっています。

（2）宇宙の膨張

「無」の状態から超高温の小さな火の玉ができ、それが光速よりも速く膨張したというインフレーション理論の科学的根拠について考えてみましょう。アメリカの天文学者ハッブルは、「銀河の後退速度は、銀河までの距離に比例する」（ハッブルの法則）、すなわち、遠くの銀河ほど高速で遠ざかることを発見しました。これは、宇宙全体が膨張していることを示しています。ただし、近くの銀河（銀河団内の銀河）は、お互いの重力で引き合うために近づいています。

かつてアインシュタインは、重力によって物質どうしの引き合いが起こるので、時とともに宇宙は収縮し、何らかの力が加えられない限りいずれ崩壊するだろうと考えました。そこで彼は、空間に「斥力（押し返す力）」の存在を仮定することで宇宙の崩壊が止まり、宇宙は一定不変に保たれるだろうと考えました。そして、自ら定式化した「重力場の方程式」に「斥力」の項（宇宙項）を入れたのです。ところが「ハッブルの法則」が発見されたために、宇宙項仮説を取り下げざるを得なくなり、「私の生涯最大の不覚であった」としました。

インフレーション理論の展開過程で当然生ずる問題は、どのような原理で火の玉が生じたか、なぜ急速な膨張が起こったかという点です。初期宇宙には現在の真空状態とは異なり、きわめて高い真空エネルギーがあり、これが斥力として作用したというのが現在の地球物理学の説明です。すなわち、アインシュタインの「宇宙項」と結局同じ仮説が適用されたのです。ですから、「宇宙空間には斥力がある」というアインシュタインの仮説が科学的に支持されたのです。インフレーションの末期、急速に膨張した宇宙は最後の相転移を起こし、エネルギーがほぼゼロになってインフレーションが止まります。このとき膨大なエネルギーが解放され、火の玉が生まれると説かれています。

このインフレーション理論から推論できることは、最初の宇宙がインフレーションを起こして次の宇宙を作り、そうしてできた宇宙がさらに次の宇宙を作るという、宇宙の多重発生が無限に続くのではないかということです。その場合、最初の宇宙がどのようにして生まれたのか、そしてなぜ生まれたのかという疑問を禁じ得ません。これらの疑問に対して、一九八三年、ビレンケンは「宇宙は物質も空間も時間もない無の状態から生まれた」という理論を発表したのです。彼によれば、宇宙はエネルギーゼロ、大きさゼロの「無」の状態からトンネル効果によって突然、ある大きさを持ってポッと生まれ、真空のエネルギーによりインフレーションを起こして急激に膨張したというのです。ミクロの世界ではエネルギーが揺らいでいるため、本来のエネルギーでは不可能なこと、例えば、物体が障害物を通り抜けるなどの現象が起こることを「トンネル効果」と呼びます。

以上のビレンケン理論では、なぜ最初の宇宙が生まれたのかという疑問には答えていません。これについての議論は第3節に回しましょう。

(3) 太陽系の形成とハビタブル・ゾーン

原始太陽系は四六億年前（宇宙創成から九一億年後）に形成され、地球はその五〇〇〇万年後に太陽から三番目に近い惑星として生まれました。初期太陽の周囲にできる円盤状の塵とガスの雲を「原始太陽系円盤」といいます。中心に太陽があり、太陽の引力と遠心力によって太陽の周りに円盤状に塵やガスが集まったものです。この円盤の中で塵が互いに合体し、微惑星が作られ、微惑星どうしが衝突・合体を繰り返しながら原始惑星に成長していきます。大きく成長した原始惑星は、その引力によって周囲のガスを引きつけ、木星のような巨大ガス惑星が生まれる一方、小さな原始惑星どうしが合体して地球のような岩石惑星が誕生します。こうして円盤の内側に水星、金星、地球が、外側に二つの巨大ガス惑星（木星、土星）が生まれました。惑星系内にもう一つの巨大ガス惑星ができたとしますと、互いに重力を及ぼし合って惑星の軌道がきわめて不安定になりますが、実際の太陽系形成過程でそのようなことは起こりませんでした。これは地球の生命が守られるためにきわめて重要なことです。木星は小天体（小惑星や彗星）を重力によって引きつけたり、惑星外にはじき飛ばしたりすることで、地球を守ってくれているのです。もしも木星が存在しなければ、小天体が地球に衝突し、地球環境は大変動して生物は絶滅の危機に瀕するでしょう。

太陽の中心温度は、核融合反応によりセ氏一五〇〇万度です。この熱は二〇〇万年かけて太陽の表面に上がり、セ氏六〇〇〇度になります。太陽の活動が活発化しますと内部の磁力が表面に現われ、この磁力線によってエネルギーの流れが妨げられる部分が生じます。この地点では温度が下がり、セ氏四〇〇〇度になります。これが太陽の黒点と呼ばれるもので、黒点の増加は太陽が活発化していることを示します。

八つの惑星（水星、金星、地球、火星、木星、土星、天王星、海王星）は、すべて地球の北極上空から見て、反時計回りに太陽の周りを同一平面上で公転しています。冥王星は太陽系惑星から外れたため、現在では海王星が太陽系八番目の惑星となり、一六五年かけて太陽の周りを公転しています。

一方、地球の衛星（惑星の周囲を回る天体）である月は、二七・三日かけて地球の周りを公転しています。地球の自転周期は二四時間ですから、月が地球を一周する間に地球は二七・三回自転していることになります。このように高速回転している地球は月を引っ張り、より遠くに飛ばしていますが、逆に地球はエネルギー保存の法則が働いて月から自転のブレーキをかけられているのです。こうして地球の自転速度は遅くなり、一〇万年に一秒だけ一日の時間が長くなります。約四五億年前、月の誕生当時は、地球から二万㎞の距離に位置していましたが、現在は三八万四四〇〇㎞の位置で互いに引き合い、地球上に満潮・干潮の現象をもたらしています。月との距離が現在よりも短かった三億五〇〇〇年前の地球では、一日が一九時間、一年は四三〇日であったことが確認されています。一日＝二四時間、一年＝三六五日は、月と地球の距離が私たちに与えた生活時間なのです。

惑星系のハビタブル・ゾーン（居住可能領域）とは、宇宙において生命が誕生し生息するのに適した環境を与える天文学的領域です。太陽系では、太陽からおよそ〇・九七～一・三九AUの距離にある領域とされています。ただし1AU=1.49598 × 10^{11} mです。この領域の内側の限界では、太陽に近過ぎて海が蒸発する地点で、その外側の限界では太陽から遠過ぎるため、海が凍結する地点になります。これらの限界線は、惑星の大気の状態によって変化します。例えば惑星が軽過ぎると、表面の重力が弱いため大気が薄くなって太陽から遠くても、海は蒸発してしまいます。ほどよい状態が維持されている惑星は、太陽系では地球だけです。

太陽（恒星）が安定して燃えている壮年期の状態は「主系列星」と呼ばれ、古くなるほど明るく、熱くなります。太陽は四六億年前に主系列星になりましたが、その頃は現在の七〇％の明るさであったと推測されます。今から五〇億年後には太陽は主系列星末期になるため、今の二倍に増光することになります。太陽系のハビタブル・ゾーンは明るさが増すと外側に移動していきます。そうしますと五〇億年後には、地球はハビタブル・ゾーンから外れてしまいます。それどころか太陽系それ自体が、赤色巨星化した太陽によって加熱され蒸発し、ガスとなって散ってしまうとされています。

第2節　一般相対性理論

アインシュタインの相対性理論は、特殊相対性理論と一般相対性理論に分かれます。前者は基礎理論を構成し、運動（動くもの）と時間、質量、空間の関係が論じられます。その際、光の性質が理論上重要なポイントになってきます。それに対して一般相対性理論では、物体に重力が作用する場合を考えます。特に重力が強く働く場では周囲の時空が歪み、光は一直線に進まず曲がります。私たちが物を見るとき光を必要としますが、その光が曲がりますと私たちの視線も曲げられ、前を見ているのに後の物が見えたりする現象が起こるのです。一般相対性理論によって、現代宇宙論は大きな飛躍を遂げたのです。

(1) 特殊相対性理論

光の速さは秒速三〇万㎞です。現実世界で絶対的なものは光の速さだけです。空間や時間が絶対的なものでないことは、相対性理論によって明らかにされています。いま時速一〇〇㎞で走行している電車と並行して走る時速八〇㎞の自動車を想定しましょう。自動車の中から電車を眺めますと、電車は時速二〇㎞で自動車を追い越していくように見えます。ところが光についてはそれが成立しません。例えば光を秒速二〇万㎞で走る乗物（現存する最も速い乗物は「スペースシャトル」で、秒速七・八㎞ですから、そんな乗物は存在しませんが）に乗って追いかけたとしましょう。乗物の中から光を見たとき、光が秒速一〇万㎞で追い越していくようには見えず、光は依然として秒速三〇万㎞で追い越していくように見えるのです。アインシュタインは、この理由を「動いている観測者にとって時間の進み方が遅くなるからだ」と説きました。すなわち、光の速さに近づけば近づくほど、時間が遅れたり、空間の長さが縮んだりするのです。

かつて「光は波である」という仮説が科学者の間に支持されていました。波だとしたら、その媒質は何かが問題になります。例えば、海の波の媒質は海水で、音波の媒質は空気です。宇宙空間は真空ですから、その空間を伝わる光の媒質が空気だとすることはできません。アインシュタインは、光の正体は波ではなく「光子」という小さな物質だと主張しました。物質であれば媒質は不要ですが、今度は「光子」に質量（重さ）はあるのかという問題が起こります。もし質量があるとしますと、物理学上の矛盾（光は自らの速度を実現できない）が生じます。それでは質量ゼロ、すなわち「重さの存在しない物体などあるのだろうか」という疑問が生まれます。けれども「光子」の質量はゼロであると仮定しなければなりません。これは現代物理学の謎となっています。

運動の速度は、ある一定時間に空間内でどれだけの距離を移動したか（等速直線運動）によって定まります。ところが現実世界で、速度がいつも一定、すなわち絶対的な運動をするものが一つだけ存在し、それが光であることはすでに本項の冒頭で述べましたが、この不思議な光の性質によって、私たちは時間や空間が絶対的なものでないことを知るのです。

まず「動いているものの時間は、進み方が遅くなる」ことについて考えてみましょう。いま、高さ一五万㎞の直方体の塔があり、床Aから光を放出するとします。塔の天井Bには反射鏡が取りつけられており、床Aから放たれた光は〇・五秒後に反射鏡に到達し、一秒後にAに戻ってきます。塔が一定方向に動いている状態で、塔の外から見ますと**図1**のように光の動きは矢線のように描かれます。すなわち、Aから放たれた光がB′点に到達する時間は塔が動いていますから（0.5+α）秒になります。それは、光の動く距離がABではなくAB′になるためです。ですから、Aから放たれた光がA′に戻る時間は（1+2α）秒となるのです。塔が動いていなければＡから放たれた光は一秒後に再びＡに戻ってきますが、塔が動くことによって時間は2α秒だけ多くかかる、すなわち時間の進み方が遅くなるのです。

一方、動く塔の内部から見たケース**図２**では、Ａから放たれた光は（0.5+α）秒後にB′点に在り、（1+2α）秒後にはA′の位置に在ります。もちろんA′やB′点はそれぞれ2α秒前、α秒前の塔の床と天井の位置を表しています。

この例から分かるように、動く物体では、その中から見ても外から見ても、物体の外の時間は進み方が遅くなるのです。時間は絶対的なものでないことが分かります。相対性理論では、自分を基準にして等速直線

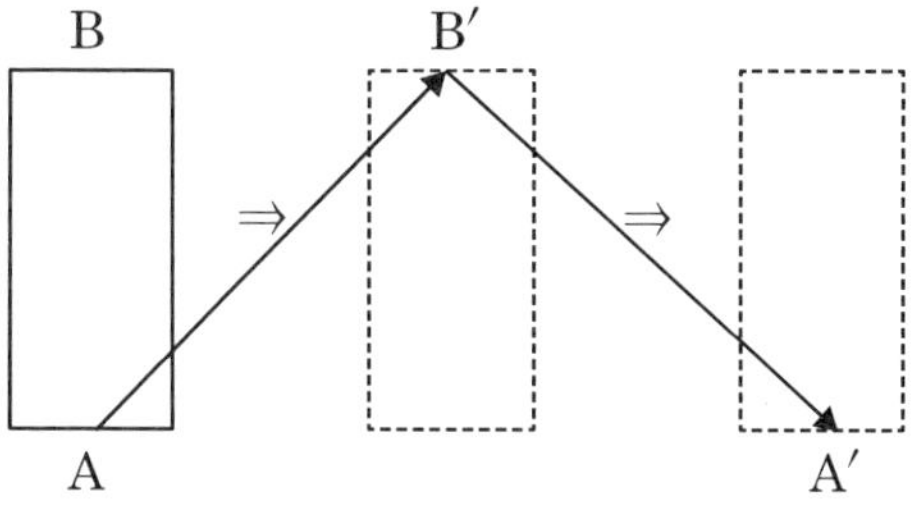

図１　動く塔の外から見た光の動き

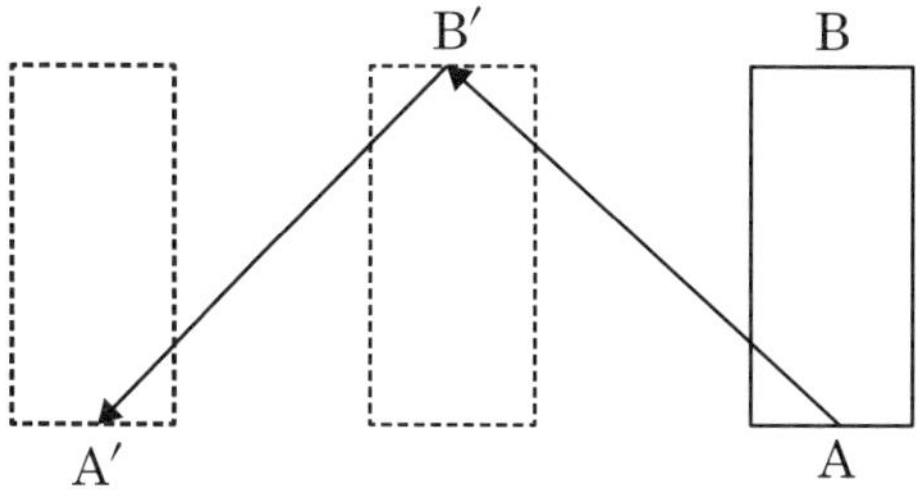

図２　動く塔の中から見た光の動き

運動をしているものの時間がどれだけ遅れるかを算出する式が、次のように与えられます。

$$(\text{動いているものの時間}) = (\text{止まっているものの時間}) \times \sqrt{1-\left(\frac{\text{動いているものの速度}}{\text{光速度}}\right)^2} \quad \cdots\cdots①$$

通常の私たちの生活では、動いているものの速度は、光速と比べてはるかに小さいですから、ルートの中はほぼ1に等しくなり、動いているものの時間と止まっているものの時間は一致します。ところが、動いているものの速度が光速と同じになりますと、ルートの中がゼロになり、動いているものの時間がゼロになって、そのような乗物の中にいれば人は歳を取らないことになりますが、そんな乗物はこの世に存在しません。

相対論における速度合成は

$$(\text{自分から見た相手の速度}) = \frac{\text{自分の速度}+\text{相手の速度}}{1+\dfrac{(\text{自分の速度})\times(\text{相手の速度})}{(\text{光速})^2}} \quad \cdots\cdots②$$

で示されます。この式で、いま相手の速度を光速に置き換えますと、自分がどのような速度で動いていたとしても、自分から見た光の速度はやはり光の速度になることが分かります。

さらに相対論では、止まっている人が動いているものを見たとき、そのものが止まっているときの長さより縮んで見えることが分かっています。それは、動くものの時間の進みが遅くなるからですが、次式で示されます。

$$（動いているときの長さ）=（止まっているときの長さ）\times \sqrt{1-\left(\frac{動く速度}{光速度}\right)^2} \quad \cdots\cdots ③$$

「物体の長さが縮む」という現象は、もちろん物理的に縮むのではありません。錯覚ではありません。相対論では、物体が止まっているときの長さは「固有の長さ」、動いているときの長さは「計測された数字」と呼ばれています。こうなりますと、ある物体の長さもまた絶対的なものではないことになります。そして③式もまた、動く速度が光速と同じだと仮定しますと、動いているときの長さはゼロになってしまいます。実は、「光速で走行できる乗物がこの世に存在しないから」という話以前に、光速に等しい速度の実現は物理的に不可能だということが確認できるのです。それは次式によります。

$$（動いているときの物体の質量）=\frac{止まっているときの物体の質量}{\sqrt{1-\left(\frac{動いている物体の速度}{光速度}\right)^2}}\quad\cdots\cdots④$$

④式から、動いている物体の速度が光速に近づくと、動いているときの物体の質量が膨大（無限大）になり、速度を上げることができなくなります。いかなる物体も光の速度を達成することはできないのです。一方、光子の質量がゼロでないと、光は光速で走ることができなくなり矛盾が起こるのです。私たちは絶対なるものに近づくことはできても、完全にそこに到達することはどのような手段によっても不可能なことを、相対性理論はわれわれに教えているのです。

（2）一般相対性理論

特殊相対性理論では、等速直線運動のケースが考察対象とされましたが、一般相対性理論では加速度運動のケースが扱われます。猛烈な加速度で無重力状態の宇宙を飛ぶロケットを想定しましょう。このときロケットの中にいる人は、加速度運動により生まれた重力によってロケットの床に押しつけられます。このように、重力は加速度運動によっても作られます。

空間が大きな重力場ですと、光は直進せず重力の方向に沿って曲げられます。これは一般相対性理論の重要な命題ですが、すでに実証されています。太陽の近くに在る星が、本当の位置からずれて見えることが皆既日食のとき観測されたのです。しかも、ずれの角度が、一般相対性理論の方程式による計算値と合致したのです。この事実は、明らかに太陽の重力によって光の進路が曲げられたことを示しています。すなわち、重力は時空の歪みを引き起こすのです。太陽は周囲の時空を歪めている、と言うこともできます。絶対性を有する光であっても、空間が激しく収縮している場では真っすぐに進むことができないのです。

それでは「時間は加速度や重力で遅れる」のでしょうか。一般相対性理論では、加速度運動をするものは、止まっているものや等速直線運動をするものよりも時間の進み方が遅くなること、および重力の影響を受けているものは、その影響を受けていないものよりも時間の進み方が遅くなることが示されます。特殊相対性理論では、等速直線運動が想定されていますから、止まっている人から見て動いている相手の時間も、動いている人から見て止まっている人の時間も共に遅れて見えるのです。たとえ両者が共に等速直線運動をしている場合であっても、互いに自分を基準にして（自分が止まっていて）相手が動いていると考えることができるのです。つまり、等速直線運動は、相対的な運動なのです。

ところが一般相対性理論では、一方が等速直線運動、他方が加速度運動をしている場合、互いに「自分は止まっている」と考えて、それぞれ独自の時間や空間の基準を持つことができなくなりますから、時間・空間の基準が一つに定まります。したがって、止まっているものは、加速度運動をしているものの時間の進み方を「自分より遅い」と感じ、逆に加速度運動をしているものが止まっているものを見ると、相手は時間の進み方が「自分より早い」と感じるのです。また、重力の影響のない宇宙空間にいるものは、重力の影響のある地上にいるものの時間の進み方が「自分より遅い」と感じ、重力の影響を受ける地上にいるものは、重力の影響を受けない宇宙にいるものの時間の進み方が「自分より早い」と感じるのです。したがって、光速にほぼ等しい秒速二九万㎞で走る宇宙船に乗って、地上の時計で一年間宇宙旅行をして地上に戻ったとしますと、地上では五年が経過していることになります。

極度に重力の強い場が銀河系の中心部に存在しているのではないか、そんな考えが地球物理学者の間に起こっています。そこは光も進むことができず、光を含むあらゆるものを飲み込んでしまうブラックホールです。ブラックホールは光も出られない球形をしていて、球の半径（シュワルツシルトの半径）に到達すると、重力の値が無限大になり、時間が完全に止まってしまいます。そこでは一般相対性理論も破綻します。

私たちは三次元空間と時間一次元を合わせた四次元時空に置かれています。ブレーン宇宙モデルによれば、一〇次元空間内で三次元ブレーンに閉じ込められた膜宇宙が、私たちの宇宙であるとされています。そして〇・一㎜の距離で影の宇宙が存在しており、影の宇宙から謎の暗黒物質や暗黒エネルギーが重力の作用により私たちの宇宙に送られているという仮説が提起されています。ただし、〇・一

㎜の幅は異次元における距離であり、三次元ブレーンに閉じ込められている私たちはそこに移動することなどできません。しかし重力であれば、漏れて伝わることができるというのです。両宇宙は互いに重力を及ぼし合っているとされています。ブラックホールから入りワームホール（虫食い穴）を通って、私たちの宇宙から影の宇宙（あるいは私たちの宇宙の別の地点）に旅立つという想いを抱きたくなります。日本の地球物理学者、都築卓司は「ブラックホールに落ち込んだ人間が人間の形のままでいられるはずはない。強い重力でグジャグジャにこわれ、クオークや軽粒子か、あるいはエネルギーに化けてしまうだろう。人間に魂があるなら、その魂だけがブラックホールからワームホールを通り別の宇宙に出てくると考えるのがもっとも当を得ており、しかも多少なりともロマンチックではあるまいか。」（都築［18］一三五頁）という言葉を残しています。

ところで人間の体や星、そして宇宙を漂うガスなどはバリオン（陽子や中性子を成分とする元素）で構成されています。しかし、バリオンは宇宙の全構成要素のうち四％を占めるにすぎません。残りの九六％のうち二三％は正体不明の物質、ダークマターなのです。これは光を出さず、目には見えませんが、重力を周囲に及ぼし、すべてを貫通する謎の物質なのです。残りの七三％はダークエネルギーと言われ、ダークマターよりさらに謎に包まれた存在です。これまで宇宙の膨張速度は、重力の影響で徐々に遅くなっていると考えられてきましたが、実際には速くなっていることが観測されています。この事実は、重力を凌駕して宇宙を押し広げるエネルギーが存在するはずだという考えにつながるでしょう。これがダークエネルギーではないかと物理学者たちは想定しています。

第3節　宇宙創成は偶然によるか、デザインによるか

(1) 豊かな自然といのち溢れる地球

私たちの地球は、約四五・五億年前に太陽系内の岩石惑星として生まれました。半径が六三七一㎞の球体で、図3のように地殻(〇―三五㎞)、上部マントル(三五―六六〇㎞)、下部マントル(六六〇―二八八九㎞)、外核(二八八九―五一五三・九㎞)、内核(五一五三・九―六三七一㎞)によって構成されています。一九八〇年代に「地震波トモグラフィー(地球の深部を透視して内部構造を解明する手法)」が実用化され、地球内部の構造が分かってきたのです。二八―二七億年前、地球磁場が急に強くなり、地球は磁場のバリアーで覆われるようになりました。これは外核で、鉄やニッケルの液体金属の対流が生じたためです。この磁気圏の形成により、地球は太陽風(太陽から放射される電気を帯びた粒子の流れ)などの宇宙線から守られ、地上に生物が生存するための最低限の条件が備わったのです。これにより生物は浅い海に浮上し、太陽エネルギーを利用して光合成を行うようになりました。そして七・五億年前から、光合成によって増加した酸素が大気圏外に漏れ出し、四・五億年前にオゾン層が生まれました。オゾン層の形成により宇宙から注がれる紫外線(DNAに損傷を与える)が緩和

され、生物の陸上進出が可能になったのです。

大気圏は対流圏（赤道付近では高度一五km、極域では高度一〇kmで水蒸気を大量に含み、対流活動が活発な区域）、成層圏（高度一〇—五〇kmで雲を作らない区域）、中間圏（高度五〇—八〇kmの区域）、熱圏（高度八〇—五〇〇kmの区域）、外気圏（超高層大気：空気希薄で、イオンと電子が自由に飛び回る電離圏）に分かれ、気候変動や大気放射などに関わっています。

地球は太陽エネルギーを有用なエネルギーに変換する巨大な熱機関です。地球に入射する高温の太陽光は人間活動の原動力であり、その活動の後、同量の熱を大気上空から宇宙へ低温の遠赤外線として放出するのです。この温度差が、人間活動によっ

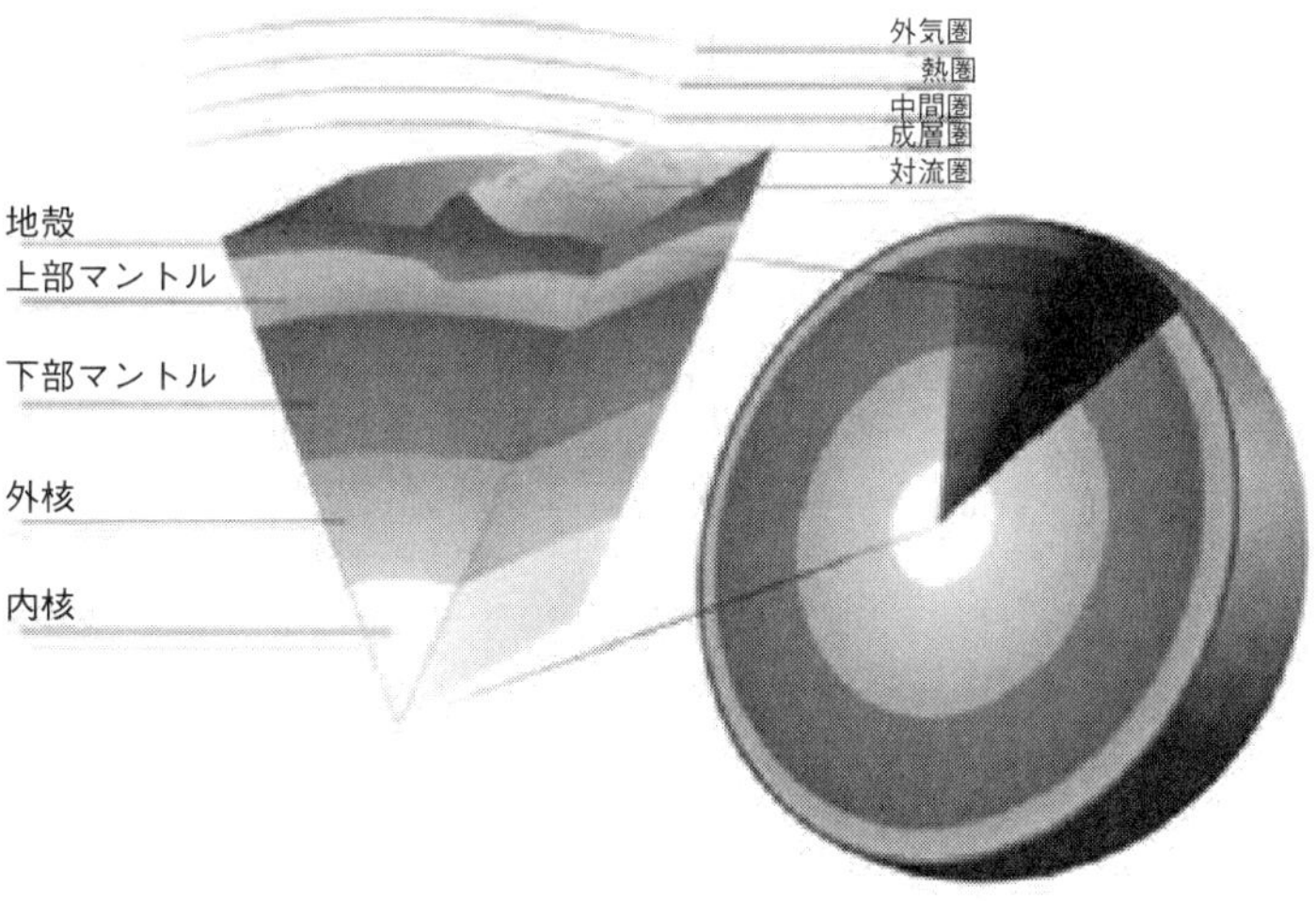

図3　地球とその大気圏の構造

（https://commons.wikimedia.org/wiki/File:Earth-crust-cutaway-japanese.svg より。（2016/3/30））

て生じたエントロピーを宇宙に捨てる働きをしています。ただし、エントロピーとは物体の活動によって生ずる汚染量の程度を表す量で、これは消滅することがないため、生命体に蓄積すると生命維持が困難になります。高温の物体Hから低温の物体LへΔTの熱が移動する場合、両物体における熱量変化の合計は、$-\Delta T + \Delta T = 0$ となります（エネルギー保存の法則）。

また、両物体におけるエントロピー変化の合計は$H > L$より、$-\Delta T/H + \Delta T/L > 0$（エントロピー増大の法則）なる関係が成り立ちます。太陽から地球に送られるエネルギーのうち八割は地表の水（主に海水）の気化に作用し、残りの二割は対流を引き起こします。

水蒸気は空気よりも比重が小さいので大気圏内を上昇し、気圧の低い上空で断熱膨張し、潜熱を放出（この熱は大気圏外に輻射されます）して低温化するのです。こうして雲になった水蒸気は、再び地表に降雨、降雪となって戻ってきます。このような対流と水循環を通してエネルギーが保存され、エントロピーが減少するのです。すなわち地球は、人間活動によって増大したエントロピーを、対流と水循環を通して宇宙に放出する機能を備えているのです。この機能は生命体一般に具備されているものであり、地球も生命の条件を備えているのです。

ここで、過度な人間活動が、地球温暖化をもたらしたとする環境問題を考えてみましょう。槌田敦は、地球に入る太陽光の変化で気温が変わり、これにより二酸化炭素が増減すると考え、人間の排出した二酸化炭素が大気に溜まったと一方的に決め込む二酸化炭素温暖化説は誤りであると指摘します（槌田［17］）。太陽光によって地表の水（主に海水）が蒸発し、それによって地球は冷やされ、水蒸気は温暖化ガスとして逆に地球を温める効果を持ちます。この二つの効果によって、地球は平均気温一四℃が保たれています。水蒸気濃度の変動幅の範囲内（一〇〇ppm）で二酸化炭素が増えても問題は生じないのであり、むしろ温暖化の原因として認識されるべきは、化石燃料の燃焼によって大気中に大量の微粒子や粒子が放出されたことであると槌田は主張します。都市大気のほこりによる汚染で、地表に届くはずの太陽光が吸収・加熱され、都市上空大気が昇温すると同時に、これら汚染物質は、地表から大気上空へ向かう遠赤外線を途中で吸収、または乱反射するため都市上空はさらに加熱されるのです。都市上空大気の加熱により上昇気流が抑制され（上方が熱く下方が冷たいとき流体は動かないため）、上昇気流による空冷と水の蒸発による水冷の、二つの冷却機能を失うことになるのです。さらに、ほこりや化学物質は地表の熱放射を吸収するため、放射冷却機能も失われます。加えて、昇温した大気は、ほこりや化学物質により地表に向けて熱線を逆送することになります。こうした大気汚染による温暖化は化石燃料の燃焼に伴って、世界的規模で拡大しているとするのが槌田説です。

人為起源の代表的環境問題は、大気汚染、水質汚染、地質汚染、廃棄物（一般廃棄物・産業廃棄物）処理です。毎年新たに開発される人工化合物は、農薬、食品添加物、化粧品、工業用薬品、洗剤、洗浄剤、染料など膨大な数にのぼります。それらは化学的応用によって作られており、一旦環境に放出されると容易に分解されないで蓄積するのです。もちろん毒性試験、変異原性試験、ガン原性試験を経てはいるものの、それらが蓄積されていったとき安全とは断言できません。合成洗剤の使用によって水道水中に発生するトリハロメタン、フロン類によるオゾン層の破壊、プラスチック類の焼却によって発生するダイオキシン、化学工場内の地質汚染による地下水汚染、さらには化学肥料（窒素肥料・リン肥料）や有機リン系の合成洗剤の使用による河川・湖の富栄養化（水中のリンや窒素量が増えると水中植物の繁殖が進み、有機物量が増加、その結果、動物プランクトンが増加し、水が汚濁する現象）、土壌微生物の減少（土壌は有機的廃棄物を微生物によって分解し、この分解過程で発生する廃熱を水に吸収させ、水循環を通して大気圏外に放出させる働きをしています）、土壌の酸性化（化学肥料は硫酸アンモニウムを主に用いているため）など多数の事例が挙げられます。特に懸念すべき問題は、遺伝子交換技術の開発です。これは種の壁を超えるものであり、未知の問題（生態系への予期せざる影響）を内包していると市川定夫は警告しています（市川［2］下三二八頁）。また、原子力発電に伴う核分裂・核融合によって発生する放射性物質は、水循環を通してエントロピーを低下させる地球の機能に組み込まれないばかりか、生体濃縮（ヨウ素一三一）による体内被曝の問題を生むのです。

自然界における生態系は、各生物種が空間的、時間的に重なり合って生息し、食物連鎖やエネルギー循環を通じて互いに有機的つながりを維持していますが、膨大な量の人工化合物や人間活動による汚染物の排出、自然破壊によって生態系の維持機能が失われつつあるのです。

地球表層はいくつかのプレート（硬い板）に分かれており、それらの相対的な水平運動によって地殻の変動が起こります。現在採掘可能な資源は、大陸内の先カンブリア時代の地層から産出されます。大量の鉄が海の底に堆積し、それが地層となってオーストラリア、中国、北アメリカなどの陸上に露出したのです。海水から分離され、地層として堆積（堆積のピークは約二五―二〇億年前とされています）した鉄鉱石などの資源は、海洋プレートの動きによりマントル内部へ運ばれたものの、一部が陸地側に移動し、人間の手の届くところとなったのです。

人間はこうした資源を生産要素として使用するために、さまざまな技術を開発してきました。室田武は、「資本」という抽象的実体は「有用なエネルギー（水力、風力、地熱、植物の光合成による化学的エネルギー、石炭、石油、太陽など）」の流れに他ならないこと、そして資本蓄積は富の蓄積ではなく、自然に対する負債の累積を意味すると述べています（室田［38］三五頁）。この負債は減耗し消滅するものではなく、一方的に増大しますから、リサイクルをどんなに行ってもいずれ廃熱と廃物が累積し、地球環境の悪化につながるのです。すなわち、人間による生産活動は絶対的富（有用なエネルギー）の消費を意味し、エントロピーの不可逆的増大をもたらします。ここで重要となるのは、技術の有する属性です。「技術とは人間の意志による絶対的富の消費径路の選択である」（室田［38］四六頁）とする室田の技術概念によりますと、エントロピー発生量の少ない技術が望ましいということになるのです。これはまさに、第二章第二節（四）で提起されたM-N構造理論の問題なのです。

地殻変動に関連した重要な推論が地球物理学者の間でなされています（丸山他［31］二一五―

二一八頁）。七・五億年前頃から広域変成帯（地下三〇㎞の深度）の温度が急速に低下し、この地温勾配の変化により海水がマントルに逆流したという推論です。それは海水総量の減少を招き、陸地面積の急増、巨大河川の出現をもたらしました。河川により浸食された堆積物は大量の堆積岩類を作ります。マントルに流入した海水は含水鉱物を作り、マントルを膨張させ大陸を上方に押し上げ、陸地を増大させたと考えられるのです。堆積岩の主体は、陸地が河川によって浸食されてできる砂岩や泥岩です。こうした岩石は陸地が存在しなければできません。世界の大陸の約五〇％は七億年前から六億年前の間にできた造山帯ですが、そのうち六〇～七〇％が砂岩や泥岩です。ところが、七億年前から六億年前以外の時期にできた造山帯に占める砂岩と泥岩の割合は、きわめて小さいことが調査で確認されたのです。これは七・五億年前の陸地急増説を支持するものです。もし七・五億年前に海水がマントルに流入しなかったならば、現在のような大陸はできていなかったと推測されます。

（2）天地万物は神によって創造された

私たちがこの地球上で生を受け、その営みを続けているという事実は、宇宙の中で恒星、惑星、衛星の存在とそれらの位置関係、および他のさまざまな物理的要件が満たされることによって可能になっているのです。本章で述べられたものは、それら要件の一部にすぎません。科学がどのように進歩したからといって、すべての要件が明らかにされることはないでしょう。「宇宙のすべてを知り尽くす」

ということは「神を知る」に等しく、そんなことは人間には不可能であるからです。

しかし一方で、神は被造物を通して、歴史を通してご自身を顕しています。聖書によれば「神の永遠の力と神性」は、被造物を通してはっきり認められるとしています。これまで本書で扱われた話題から生ずる以下の八項目（現在の科学で分かっているものの一部）を通して、その点について考えてみましょう。


（ⅰ）宇宙創成（ビッグバン）のとき、宇宙空間の密度が安定的膨張を保つような値であった。

（ⅱ）太陽系惑星のうち、地球だけがハビタブル・ゾーンに位置している。

（ⅲ）地球の衛星である月が、地球とほどよい距離を保っている。

（ⅳ）太陽系において木星、土星の二大ガス惑星が生まれた。

（ⅴ）ダークマター、ダークエネルギーの存在。

（ⅵ）地球は人間活動によって増大したエントロピーを対流と水循環を通して宇宙に放出する機能を備えている。

（ⅶ）二八―二七億年前、地球の外核内で鉄、ニッケルの液体金属の対流が起こり、地球は強い磁場に覆われるようになった。

（ⅷ）七・五億年前に、海水がマントルに流入した。

これら八項目のうちどの一項目が欠けても、私たちの生存が脅かされるか、あるいは生命そのものが誕生しなかったでしょう。私はこれらを「神の永遠の力」の顕れであると理解します。神が天地を創造した際、(ⅵ)、(ⅶ)、(ⅷ)が生ずるようにあらかじめ定められたのです。旧約聖書「ハバクク書」第三章第六節に「神は立って、地を測り、見渡して、諸国の民を震え上がらせる。とこしえの山は打ち砕かれ、永遠の丘は低くされる。しかし、その軌道は昔のまま。」という記述があります。「その軌道は昔のまま。」という言葉は、「山が打ち砕かれ、永遠の丘が低くされる」のは新たな創造のわざの顕れではなく、創造の際に神の摂理によってそうなるべく組み込まれていたことを示しています。神の摂理によって天地は変化するのです。

光の速度の絶対性および重力によって光は曲がる、といった光の物理的性質は、「神性」を顕すものと考えられます。光速に近づけば近づくほど質量が大きくなるという事実は、人間がキリストに限りなく近づくことはできても、キリストになることはできないことを連想させるのです。私たちがどのような速度で走っても、光速は私たちの目からは常に一定の速さで私たちを追い越していくのです。光速は相対的なものではないのです。キリストの地上での生は、まさに光の性質を具えていました。

次に、神の性質の顕れとして重力を挙げることができます。きわめて大きな重力が作用するブラックホールでは、光が進まず時間が止まります。それは、永遠なる世界が存在することを私たちに啓示しています。このように地球物理学の研究成果を通して、私たちは「神性」を認識できるのであり、パウロの言葉を借りれば、神の存在について私たちは「弁解の余地はない」のです。

ところで、本章第1節（2）で述べた宇宙の多重発生説において、最初の宇宙がなぜできたのかについては答えられていません。最初の宇宙は、大きさゼロの「無」の状態からトンネル効果によって突然「ポッ」と生まれ、真空のエネルギーによってインフレーションを起こし、膨張していったと説明されます。「最初の宇宙は、神様が奇跡を起こして作ったのではなく、物理学の法則に従って、つまり自然現象としてごく当然に生まれてきた、それが明らかになってきたのである。」（佐藤［9］二五四頁）というわけです。私はこの科学者の発した言葉の奥に「神を口に出すことは科学者として屈辱だ」という心の動きがあるのを感じるのです。今西錦司も「造物主は、刀折れ矢尽きるまで出てもらいたくない。」（今西［4］二三頁）と述べています。さらに「人間原理による宇宙観」という考え方があります。これは、宇宙が現にあるような姿で見えるのは、もし宇宙が別の姿であったとすれば、私たちが存在して宇宙を観測することはできないというものです。すなわち、私たちが存在するがゆえに、私たちは宇宙がこのような姿であることを知るという論理です。もし宇宙に存在している物質やエネルギーの量（ダークマターやダークエネルギー）が現在知られている量より多い、あるいは少ないとすれば、宇宙の膨張は現在のようにはなっておらず、私たちの存在もなかったと考えられます。まるで宇宙は、私たち人間を生み育てるために物質やエネルギーの量を調整しているように見えるのです。さらに、原子核内で陽子と中性子を結びつける力の強さがほどよい状態よりもわずかに大きければ、恒星内部で生ずる核融合反応が急速に進み、短期間で恒星は燃え尽き、私たちは生存していなかったでしょう。しかし実際にはそんなことは起こらず、したがって私たちは生存しているのです。ですから「人間原理」によれば、「宇宙はなぜ人間が生存できるように創成されたのか」という問いに対して、「それは、人間が存在しているからだ」という答えになります。

人間は誕生したとき、親の手を借りなければ生きていけません。子育てのためにさまざまな環境を整え、食事についても母乳やミルクから離乳食へ、離乳食から普通食へと親の配慮の下に進められます。ところが当人は、そのような親の細心な配慮など自覚することなく育っていきます。そして成人したとき、「私が今あるのは、私が今生きているからだ」と答えるのが「人間原理」なのです。多分、どんな親も、子のその言葉を聞けば、やりきれない思いに駆られるでしょう。そこには親に対して「育ててくれてありがとう」という感謝のかけらもありません。

以上のことから、佐藤勝彦や今西錦司、そして「人間原理」に立つ科学者たちは、大前提として「神は存在しない」という世界観に立っている人たちだと判断されます。ですから、最初の宇宙がどのようにして生まれたのか、それについて納得のいく科学的説明がつくならば、「自然現象としてごく当然に生まれた」として何のためらいもなく処理できていくのです。ところが、「神は存在し、生きておられる」を大前提として研究に携わる科学者は、「神は『無』の状況からトンネル効果によって『ポッ』と生まれるような仕方で宇宙を創造されたのだ」と受け止めるでしょう。ここにアインシュタインの言う「宗教を欠いた科学」ではない科学が生まれるのです。私たちが自己の存在、あるいは何らかの現象の絶対的存在の源を問うとき、創造者としての神を認めざるを得ないのです。それは決して科学の敗北ではありません。科学の進歩は、「神の永遠の力と神性」がどのようなものか、そこに限りなく近づく科学者の営為から生まれるものなのです。科学そのものは、創造主としての神が存在するか否かについて論ずる立場にはありません。それは科学者個人の主体的選択の問題なのです。神の存在を信ずるか否かによって、科学者の研究の動機が自ら定まるのです。

いま、二つの仮説Ａ、Ｂを以下のように設定しましょう。

（仮説Ａ）天地万物は自然現象として生まれるべくして生まれた。
（仮説Ｂ）天地万物は神によって創造された。

（仮説Ａ）を支持する科学的説明は、前述の通り、一九八三年にビレンケンによって提唱されています。しかしながらそれは最初の宇宙が生まれた原理を説いているのであって、なぜそのように生まれたのかについての説明ではありません。もし私がそれを問えば、（仮説Ａ）の支持者は「人間原理」で応答するでしょう。

次に、私たちがこの地球上で生を営むことができている確率はどの程度かという問いが生まれます。それは物質やエネルギーの量が偶然に調整され、陽子と中性子の最適な結合が偶然に起こり、さらに先に掲げた（ⅰ）から（ⅷ）が偶然整えられ、その他諸々の偶然が生起する確率であって、一〇の何千乗分の一（佐藤［8］二九三頁）……起こり得ないほどに低い確率になります。地球物理学では、この疑問に対して宇宙の多重発生説で答えようとします。すなわち宇宙が無数に存在するのであれば、私たちの（生命の満ちた）地球の存在確率がどんなに低くても起こり得るというのです。以上が（仮説A）を支持する論理です。もしも宇宙の多重発生説が覆されるような事態に至ったとき、（仮説A）の下で研究に携わっている科学者は、どのような説明を用意するのでしょうか。

一方、（仮説B）の支持者は、科学的成果としての説明を否定せず、納得いくまで吟味した後、「神の永遠の力と神性」を探りつつそれらを受け入れます。このとき、私たちがこの地球上で生を営むことができている確率の低さは「神の永遠の力」として認知され、それが低ければ低いほど神への畏敬と高らかな讃美に変わります。

岩石惑星地球が誕生した四五・五億年前、石油、石炭、天然ガス、そして鉱物資源はすでに地下深く埋蔵されていたのでしょうか。そんなことはありません。それらの資源のうち石油、石炭、天然ガスなどは、長い期間を経て動植物の化石から何らかの作用によって変化してできたものと考えられます。鉱物資源についてはその一部が陸地側に移動し、人間による利用を可能にしたことは先に述べた通りです。このようにして神は人間に豊かな資源を与える一方で、自然を管理するよう命じました（「創世記」第一章第二八節—第二九節）。

人間の飽くなき欲求によって化石燃料を、限度（自然の自浄作用）を越えて利用すれば、神が創造時に定めた秩序に従ってヒートアイランド現象や異常気象、大気汚染による健康被害、生態系の撹乱など生活空間を脅かす事態が生ずるのです。それを緩和ないし防ぐために環境改善技術の開発もなされますが、それもN構造によって何らかの制約を受けることになります。

第2章第3節で述べられた科学者の倫理は、彼が（仮説B）に基づき信仰に立って研究活動に携わるとき、自ら全うされるでしょう。このように考えますと、（仮説A）を支持する論理には、どうしても無理が生ずるように私には思えるのです。

第4節　聖書が語る天地創造の科学性

まず初めに「聖書はすべて、神の霊感によるもの（「テモテへの手紙Ⅱ」第三章第一六節）」であり、「聖書の預言は決して人間の意志によってもたらされたのではなく、聖霊に動かされた人たちが、神からのことばを語った（「ペテロの手紙Ⅱ」第一章第二一節）」ものであることを前提として話を進めます。もし矛盾が起こるならば、この前提は覆されます。

旧約聖書は、紀元前に古代ヘブライ語（一部アラム語）によって書かれたもので、イエス・キリストも読んでいました。それに対して新約聖書は、キリストの死後、弟子や使徒パウロによってギリシャ語で書かれたものです。ですから、いずれも現代科学とは無関係な時代における書物なのです。ところが、聖書における天地創造の描写（約三四〇〇年前）と現代地球物理学の理論とに矛盾が生じないのです。これは驚くべき事実であり、神学的には「二重啓示」と称されています。すなわち、神は聖書の言葉（直接啓示）で私たちに語られる以外に、ご自身が創造した天地万物を通しても語っておられる（間接啓示）のです。

以下では、天地創造に関わる聖句（■）を掲げ、それに対する科学的解釈（※）を提示します。そして、聖句と科学的解釈の間に整合性があることを確認します。

■初めに、神が天と地を創造した。地は形がなく、何もなかった。やみが大いなる水の上にあり、神の霊は水の上を動いていた。（「創世記」第一章第一節―第二節）

■あなたが御霊を送られると、彼らは造られます。また、あなたは地の面を新しくされます。（「詩篇」第一〇四篇第三〇節）

※「詩篇」第一〇四篇第三〇節の聖句から推察されるように、「神の霊」という言葉は創造のわざと深く関わっていることを暗示しています。「地は形がなく、何もなかった」は、地球上は原始大洋で覆われ、まだ生命が存在しない状態であったことを示しています。ここで注意すべき点は、

「やみが大いなる水の上にあり、神の霊は水の上を動いていた。」という記述から、観察者は宇宙から地上を見ているのではなく、水の面に立って記述している（ロス［41］一四二頁）ことです。したがって「創世記」第一章の創造のわざは、すべて地上の目線で観察され、記述されたのです。この段階の宇宙（太陽系）は、超新星爆発によってまき散らされた物質（ちり）が漂い、原始太陽の光は地球に達せず「やみ」に覆われていました。これは、地球物理学が説くところと一致しています。

（注）恒星は分子雲（星間ガス）の中で誕生します。分子雲は収縮と回転により、円盤形の原始太陽星雲に成長し、その中心が原始太陽になります。地球など太陽系惑星の材料となった元素は超新星爆発によって生じた元素であると考えられています。太陽系形成当初は、超新星爆発による岩石やちりが大気を覆っていました。

■神が「光よ。あれ。」と仰せられた。すると光ができた。（「創世記」第一章第三節）

※光は生命と世界の秩序の根源であることは、相対性理論から確認されるところです。その光は一三七億年前、宇宙創成（ビッグバン）のとき生まれました。ここでの光は、四六億年前に形成された原始太陽の光が、宇宙に漂うちりの減少によって地上に届き始めた時の光であることを示

しています。それゆえに「光ができた」という表現が用いられているのです。

■神は、その光をよしと見られた。そして神はこの光とやみとを区別された。神は、この光を昼と名づけ、このやみを夜と名づけられた。こうして夕があり、朝があった。第一日。(「創世記」第一章第四節―第五節)

※ここで記されている「やみ」は、「創世記」第一章第二節における「やみ」を意味していません。地上にはすでにいくらかの光が差し込んでいます。ですから、ここでの「やみ」は、地球の自転によって生ずる暗闇、すなわち夜のことです。観察者は地上のある地点に立って記述しているのですから、このように夜と昼が現われるのです。ただしここでの昼は、十分な光が地上に届いていないので、「暗い昼」だったと想定されます。ここまでが「第一日」だとされます。

■神は「大空よ。水の間にあれ。水と水との間に区別があるように。」と仰せられた。こうして神は、大空を造り、大空の下にある水と、大空の上にある水とを区別された。するとそのようになった。神は、その大空を天と名づけられた。こうして夕があり、朝があった。第二日。(「創世記」第一章第六節―第八節)

※「水と水の間に区別があるように」とは、水蒸気(大空の上にある水)と地上での水(大空の下

にある水）の区別を指します。この創造のわざの中で、神は地球の水循環（前節（1）参照）のメカニズムを組み込んでいたと考えられます。これが「第二日」です。

■神は、「天の下の水は一所に集まれ。かわいた所が現われよ。」と仰せられた。するとそのようになった。神は、かわいた所を地と名づけ、水の集まった所を海と名づけられた。神は見て、それをよしとされた。（「創世記」第一章第九節―第一〇節）

※これは陸地と海が創造されたことの記述です。七・五億年前、マントルに流入した海水が含水鉱物を作り、マントルを膨張させ大陸を上方に押し上げ、陸地を増大させたことは先に述べました。この聖句もまさに地球物理学の仮説と矛盾しません。

■神が、「地は植物、種を生じる草、種類にしたがって、その中に種のある実を結ぶ果樹を地の上に芽生えさせよ。」と仰せられると、そのようになった。それで、地は植物、おのおのその種類にしたがって、種を生じる草、おのおのその種類にしたがって、その中に種のある実を結ぶ木を生じた。神は見て、それをよしとされた。こうして夕があり、朝があった。第三日。（「創世記」第一章第一一節―第一三節）

※草植物、果樹、そして木の創造が成されましたが、種を生ずる草、種のある実を結ぶ果樹や木と

そうでないものとを区別して造られた点に注目されます。種は進化の源になるものですから、このとき神は進化のメカニズムを草植物、果樹、木に組み込まれていたことが想定されるのです。

これが「第三日」です。

■神は、「光る物は天の大空にあって、昼と夜とを区別せよ。しるしのため、季節のため、日のため、年のために、役立て。天の大空で光る物となり、地上を照らせ。」と仰せられた。するとそのようになった。それで神は二つの大きな光る物を造られた。大きいほうの光る物には昼をつかさどらせ、小さいほうの光る物には夜をつかさどらせた。また星を造られた。神はそれらを天の大空に置き、地上を照らさせ、また昼と夜とをつかさどり、光とやみとを区別するようにされた。神は見て、それをよしとされた。こうして夕があり、朝があった。第四日。（「創世記」第一章第一四節―第一九節）

※「大きいほうの光る物」とは太陽であり、「小さいほうの光る物」とは地球の衛星、月です。ただし聖書のこの記述によりますと、太陽や月は四日目に創造されたかのように受け取られやすいのですが決してそうではありません。これまで太陽の光は、超新星爆発によって生じた宇宙のちりの影響でわずかしか地上に入射していなかったのですが、四日目に地球を取り巻く大気の状態が変化し（ちりが晴れ）、はっきりと太陽や月の光を確認できるようになったのです。

また地球が太陽の周りを公転することによって季節や年の変化が起こるのですが、これも「季節のため」、「年のために」と明記されています。「日のため」とは、地球が自転していることを暗示する言葉です。これらはすべて現代地球物理学の理論に反してはいません。ですから私たちは「創世記」が三四〇〇年前に書かれたものであることに驚異を抱かざるを得ないのです。この事実からして、聖書が神の霊感によって記述されたものであることを受け入れざるを得ないのです。また「役立て。」という被造物に対する神の命令は、後に人の創造を計画されていることを示しています。

■神は、「水は生き物の群れが、群がるようになれ。また鳥は地の上、天の大空を飛べ。」と仰せられた。（「創世記」第一章第二〇節）

こうして、夕があり、朝があった。第五日。（「創世記」第一章第二三節）

※「第五日」には、海の生き物（鯨などの大型動物を含む）や翼のあるすべての鳥が創造されました。

■神は、「地は、その種類にしたがって、生き物、家畜や、はうもの、その種類にしたがって野の獣を生ぜよ。」と仰せられた。するとそのようになった。（「創世記」第一章第二四節）

神は、「われわれに似るように、われわれのかたちに、人を造ろう。そして彼らに、海の魚、空

の鳥、家畜、地のすべてのもの、地をはうすべてのものを支配させよう。」と仰せられた。（「創世記」第一章第二六節）
そのようにして神はお造りになったすべてのものをご覧になった。見よ。それは非常によかった。
こうして、夕があり、朝があった。第六日。（「創世記」第一章第三一節）

※第六日目は、創造の最終日ですが、ここで家畜、はうもの（爬虫類など）、野の獣、そして神に似るように人が創造されました。

■こうして、天と地とそのすべての万象が完成された。それで神は、第七日目に、なさっていたわざの完成を告げられた。すなわち、第七日目に、なさっていたすべてのわざを休まれた。（「創世記」第二章第一節―第二節）

※創造のわざは六日目で終わり、天地創造の秩序も七日目の安息をもって完成しました。
第一日目から第六日目までは、すべて「こうして、夕があり、朝があった。」という言葉で締めくくられています（傍線部分）が、第七日目だけは、その言葉が見られません。これは今日まで、まだ七日目は終わっていない、すなわち第八日目の創造のわざがこれからなされるはずなのです。ただし、それがいつなのか誰も知ることはできません。

【宇宙の膨張・陸地の拡張】

■わたしはひとりで天を張り延ばし、ただ、わたしだけで、地を押し広げた。(「イザヤ書」第四四章第二四節)

■わたしはわたしの手で天を引き延べ、その万象に命じた。(「イザヤ書」第四五章第一二節)

※「イザヤ書」は紀元前七〇〇年頃に書かれたものです。この時代に預言者イザヤは、宇宙の膨張と陸地の増大を知っていたことになります。ここにおいても現代科学との整合性が保たれています。

【秩序の創造】

■あなたは天の法令を知っているか。地にその法則を立てることができるか。(「ヨブ記」第三八章第三三節)

※これは、神がヨブに語った言葉です。すなわちこの聖句は、神が「天の法令」と「地の法則」を立てたことを示しています。

【天地の滅び】

■この天地は滅び去ります。しかし、わたしのことばは決して滅びることがありません。ただし、その日、その時がいつであるかは、だれも知りません。(「マタイの福音書」第二四章第三五節―

第三六節）

■主よ。あなたは、初めに地の基を据えられました。天も、あなたの御手のわざです。これらのものは滅びます。（「ヘブル人への手紙」第一章第一〇節―第一一節）

※本章第一節の最後の個所で、五〇億年後には地球がハビタブル・ゾーンを外れると同時に、太陽系それ自体が赤色巨星化した太陽によって加熱され蒸発し、ガスとなって散ってしまうと推測されていることを述べましたが、聖書も同じことを宣言しています。ただし、聖書と地球物理学者の見解の相違は滅びの時期にあります。

宇宙の質量密度は核融合の触媒の役目を担っていますが、これは宇宙創造の時の星の数に大きく依存します。星の数が適度を越えて存在すると核融合の効率が上がり過ぎ、地球上の生命を維持できなくなります。逆に少な過ぎる場合には、炭素、窒素、酸素などの生命に必要な元素ができなくなってしまいます。聖書によれば「その日、その時がいつであるかは、だれも知りません」と記されています。天地を創造された神ならば、ある日、ある時、星の数を増やし、核融合の効率を急速に上げることができるはずです。ですから、天地の滅びの時期は必ずしも五〇億年後とは限らず、場合によれば五〇年後か、一〇年後か、一年後かもしれないのです。その時がいつかは、神に委ねられているのです。

第4章

人間存在の意味を探る

第1節　生命の驚異

（1）生命の仕組み

人間を含むすべての生物は、同じ基本原則に基づく遺伝暗号を共有していることが遺伝学の研究で分かっています。したがって地球上の全生物の起源は同じなのです。生物（ウイルスを除く）の最も基本的な構成単位は細胞です。細胞は、核膜を備えた細胞核を有する真核細胞と、それを持たない原核細胞に区分されます。細胞の最も本質的部分は染色体繊維で、この物質が生命と深く関わっているのです。単細胞原核生物には染色体が観察されませんが、真核生物ではすべて染色体の存在が確認されています。染色体の数は生物種によって決まっていて、一本の染色体に一分子のＤＮＡが入っています。人間のような多細胞真核生物では、すべての細胞に同じ遺伝情報が組み込まれており、同時に細胞分化が秩序正しく進行し、それぞれの機能を果たすべく組織や器官が形成されています。そして恒常性（神経やホルモンによる調節）の維持が体内で見事になされているのです。

私たちの感覚器官が無数の原子から成り立っていることは、第1章第2節で述べた通りです。外界からの刺激を感覚器官がキャッチし、その信号が脳に送られ、脳からの指令によって行動が起こされます。一個または数個の原子が私たちの感覚に認知されるほどの影響を与えることがないように、私たちの器官は無数の原子によって成り立っているのです。

一方、思考を司る一つの物質組織（脳髄）は、思考と密接な対応関係にありますから、明確な秩序を有していなければなりません。このことは、量子論的には「莫大な数の原子が互いに同じ動きをする場合に初めて統計的な法則が生まれ、それら原子集団の動きを支配するようになる」と言うことができます。すなわち、少数の原子の動きによる偶然的な出来事が、過大な役割を演じないように何らかの秩序の下でコントロールされているのです。さらに、外界から加えられる物理的刺激に対して、感覚や経験を素材にして思考が形成されることも明らかです。この場合、私たちの思考器官（思考を司る物質組織）と外界との相互作用において、やはりある一定の物理的秩序が介在しているのです。私は、この思考器官に生命の仕組みが潜んでいるように思っています。これはもはや自然科学の扱う範囲を超えています。

(2) シュレーディンガーが提起する二つの驚異

シュレーディンガーは、生命現象に関する驚くべき事項を二点挙げています（シュレーディンガー［10］第二章）。人間のあらゆる器官が無数の原子によって形成されているのに対して、遺伝子は少数個の原子からなる原子団によってきわめて規則正しい秩序の下で遺伝現象を引き起こす役割を担っています。「生物の型」は、卵細胞が受精してから成熟して生殖行動を始めるまでの個体発生の全期間における個体の構造と機能を意味していますが、それはただ一個の受精卵細胞、しかもその核の構造によって定まるのです。この核は細胞の中の一部に拡がっている染色質の網目として観察され、染色体と呼ばれます。染色体の中に「生物の型」を定める遺伝の暗号文が含まれているのです。生物体の成長は有糸分裂（細胞分裂）によりますが、その際、染色体は二つになり、二組の暗号文の両方が共に二倍になります。染色体の組の二重性が、有糸分裂の前後で保たれていることは実に驚嘆すべきことだとシュレーディンガーは述べています（第一の驚異）。

　個体の成長が開始されるとすぐに、将来の配偶子を作り出すための備えとして一群の細胞が二通り（卵細胞と精子）の形で別にしておかれます。この細胞の有糸分裂は回数が少なく、減数分裂と言われています。減数分裂では染色体の数は有糸分裂の時と異なり二倍にはならず、一定に保たれますので、各配偶子は半数だけの染色体を受け取ることになります。人間の場合には、暗号の完全な写しを四六ではなく、その半分の二三だけを受け取ります。このように染色体をただ一組持っている細胞は、一倍体と呼ばれます。ですから配偶子は一倍体です。接合の際には、一倍体である雄性配偶子（精子）と、同じ一倍体の雌性配偶子（卵）とが合体して受精卵（二倍体）を作るのです。ここで重要なことは、「染色体の乗り換え」が起こることです。いま、父方の一つの染色体をAA′、母方のそれをBB′で表すことにします。「染色体の乗り換え」とは、AA′とBB′が接触し、AB′とA′Bの二つの染色体ができることです。

　一定の遺伝的特徴を運ぶ担い手としての遺伝子は、染色体中に位置づけられています。目で確認でき、外に現れる個体の性質が何世代にもわたり再生産され、親から子へと伝えられるたびごとに接合して受精卵を作るのです。生物体が秩序の流れを自分自身に集中させることによって、原子的な混沌状態に陥るのを免れるという生物体に具わった驚くべき能力は、染色体の中に潜んでいるのです。それは明らかに秩序の整った原子結合体の働きによるもので、これは「生きているもの以外には、他のどこにも見出されない。」とシュレーディンガーは断言します（第二の驚異）。

第２節　聖書が語る人間存在の意味

(1) 人は神に似せて創造された

地球上のあらゆる生物の中で、神と交わる能力を持っているのは人間だけです。ネアンデルタール人のような「ヒト科」の動物は、死者の埋葬や絵を描いていた痕跡はありますが、神殿跡（礼拝の証拠）などは発見されておらず、神と交わる能力を具えてはいませんでした。

ここではまず、「霊」と「たましい」に関する多くの聖書記述の中から、以下の六つを取り上げ、両者の相違を考えてみましょう。

■人の子らの霊は上に上り、獣の霊は地の下に降りて行く。（「伝道者の書」第三章第二一節）

■私の霊が私のうちで衰え果てたとき、あなたこそ、私の道を知っておられます。（「詩篇第一四二篇第三節」）

■神の霊がサウルの使者たちに臨み、彼らもまた、預言した。（「サムエル記」第一九章第二〇節）

■主は人のたましいの値うちをはかられる。（「箴言」第一六章第二節）

■わがたましいは主をあがめ、わが霊は、わが救い主なる神を喜びたたえます。（「ルカの福音書」第一章第四六節―第四七節）

■たましいを離れたからだが死んだものであるのと同様に、行いのない信仰は、死んでいるのです。（「ヤコブの手紙」第二章第二六節）

一見、聖書は三種類の霊の存在を示唆しているように見えます。「神の霊」は聖霊（旧約の時代には文字通り神の霊、新約の時代にはキリストの御霊）を意味しています。それに対して「人の子らの霊」や「私の霊」とは、神によって「人の子ら」や「私」に与えられた霊ですから、その背後にやはり聖霊の存在があります。「獣の霊」とあるのは、人間と動物に明確な区別を意識した語法だと思われます。神は獣を創造されたとき、ご自身と交わる能力を獣に与えてはいません。以上のことから、霊とは聖霊を意味していると考えられます。このことは、「ちりは、もとあった地に帰り、霊はこれを下さった神に帰る（「伝道者の書」第一二章第七節）」という聖句からも推察できます。

一方、「たましい」は、動物にはありませんがすべての人に具えられたものです。また「たましい」

は、神によってその値うちがはかられます。これは人が神に従うかどうか、さらにその程度について自由意志が与えられていることを意味しています。したがって、私のたましいが主をあがめたとき、神の霊（聖霊）が私の中に入り、私の霊は神を喜びたたえるのです。「人が神に似せて創造された」ことの意味は、人間だけが神を礼拝することのできる能力を付与されているということなのです。

また私たち人間の死とは、私たちのたましいが肉体から離れることであると聖書は教えています。すなわち、「たましい」は不滅であることを示唆しているのです。この点については次項で考えます。

（2）「たましい」の不滅性について

聖書は、人間の「たましい」が不滅であることを明記しています。それは「ヨハネの福音書」（第三章第一六節）で、「神は、実に、そのひとり子をお与えになったほどに、世を愛された。それは御子を信じる者が、ひとりとして滅びることなく、永遠のいのちを持つためである。」と記されていること、および前項（1）で取り上げた「ヤコブの手紙」（第二章第二六節）から分かります。これを非科学的であるとしてはね返すのは簡単ですが、以下の三つの論拠から再考してみましょう。

［論拠一］量子重力理論から

量子重力理論とは、重力相互作用（粒子のぶつかり合い）を量子化した理論で、一般相対性理論と量子力学の統一を目論むものですが、現時点では研究段階にあります。いま、二つの粒子が衝突するためには互いの粒子が引き合っていなければなりません。すなわち、粒子の間で相互作用力が働いているはずで、この力が粒子の運動を支配しているのです。粒子の運動は、そこに磁場を発生させます。このとき、磁場を構成する粒子が存在するはずで、それは「ゲージ粒子」と呼ばれます。場の理論では、ゲージ粒子の交換により相互作用が発生すると考えられています。重力相互作用においてその力を伝達するゲージ粒子は、「重力子（グラビトン）」と言われるものです。「強い相互作用（原子核を構成する陽子や中性子の固い結びつき）」、「電磁相互作用（電荷を持った粒子の間に働く作用）」、「弱い相互作用（中性子がそのまま陽子に変化する場合に生ずる作用）」におけるゲージ粒子は、それぞれ「グルーオン」、「光子（フォトン）」、「ウィークボソン」ですが、重力相互作用のゲージ粒子、グラビトンが最も弱いことが分かっています。そのため、量子化された重力が関係している現象を現時点で観測できていないのです。その意味でも、量子重力理論は未完成なのです。しかしこの理論は、第3章第2節（2）で触れた、ブラックホールの研究に有効性を発揮すると期待されています。

アメリカの物理学者で相対性理論の第一人者と言われるキップ・ゾーンを中心とする研究グループは量子重力理論を援用して、私たちの宇宙から別の宇宙（膜宇宙）にブラックホールから入り、ワームホールを抜けて移動し、過去への旅が原理的に可能であるとする理論を発表しています。あくまでも「原理的」にですが、前述（第3章第2節（2））した都築卓司の想定もこの理論を根拠にしているのです。もし、「たましい」が無限大の重力に耐え得るものであるならば、都築の想定は科学的にかなりの信憑性をもって受け止められるでしょう。このとき「たましい」は、明らかに四次元時空から多次元世界に移行したことになります。さらには私たちの「たましい」は、身体から離脱したとき、すべての次元を移動可能なように神が創造されたと言うことができるのです。換言しますと、「たましい」なるものは、異次元的存在でありながら四次元時空に生きる私たちの身体のどこかの器官（脳髄か）に体化され、実存していることになります。これこそが、人が「神に似せて創造された」ことの本質的意味なのです。

〔論拠二〕遺伝学から

すべての生物は同じ遺伝暗号を有していますが、そのことが遺伝子操作を実現するに至った背景と考えられます。遺伝子組み換えを可能にした原理は、以下の三項目の発見によります（市川〔2〕下三〇〇―三〇一頁）。

① ハサミの役割
　バクテリアから見つかった制限酵素で、これはＤＮＡの特定の塩基配列を識別し、その部位でＤＮＡを切る機能を持っています。

② のりの役割

酵素リガーゼの発見によります。この酵素はDNAどうしを結び合わせる役目を果たします。

③ DNAを運搬する役割

プラスミドDNAの発見によるもので、これは染色体DNAとは異なり、細胞内に存在する小さなDNAで宿主特異性（一定の細胞以外には入らない性質）を有します。したがって、遺伝子DNAを特定の細胞に運搬する働きを持ちます。

前記三つの「道具」を用いることによって、クローン作出技術が生み出されました。現在、この技術を人間に適用することは禁じられていますから行われてはいませんが、技術的には可能であり、次のような事態が考えられます。ある人の胚を分割し、冷凍保存しておいて別の女性の子宮で育てることや、子どもが幼児期に死んだ場合、遺伝的にまったく同じ子どもが得られることが可能になるのです。

クローン作出技術は種の壁を超えるものであり、人間が神の領域に踏み込むことを意味しています。市川はその重大さを「細胞融合（異種の培養細胞どうしを融合させること）によって融合した細胞が、細胞分裂を繰り返すうちに、一方の種の染色体がやがて失われていくことが判明している」と警告しています（市川［2］下三三四頁）。

ここで、「たましい」の問題を考えてみましょう。ある人Aと、そのクローン人間Bが遺伝学的には同じであることは認識できますが、二人の「たましい」はどうでしょうか。明らかに異なります。もし同じであるとすれば大きな矛盾が生ずるでしょう。いま、その二人がまったく同じ生活環境の下に置かれているとして、他者から投げかけられたある言葉に対し、Aは「愛」を感じ、Bは「怒り」を覚えるといった事態が起こり得るでしょう。「たましい」は神からその人に与えられたものであって、まったく同じ「たましい」はこの世に二つとありません。それは目で見ることはできませんが、私たちの存在と共に実在しています。目に見えるものはいずれ滅びますが、目に見えないものは不滅です。

〔論拠三〕古典哲学から

プラトン哲学では、「たましい」は運動の源泉として捉えられています。彼は『ファイドロス』の中で次のように述べています。

魂はすべて不死なるものである。なぜならば、常に動いてやまぬものは、不死なるものであるから。しかるに、他のものを動かしながらも、また他のものによって動かされるところのものは、動くのをやめることがあり、ひいてはそのとき、生きることをやめる。したがって、ただ自己自身を動かすもののみが、自己自身を見すてることがないから、いかなるときにもけっして動くことをやめない。それはまた、他のおよそ動かされるものにとって、動の源泉となり、始原となるものである。

「魂はすべて不死なるものである」という言葉の背後には、「すべての人に魂が存在し、不死である」ことが含意されています。そして魂の本質は「動いてやまぬもの」、および「他のものには動かされないもの」、すなわち「動の源泉であり、始原となるもの」であるとしています。

アリストテレスは、このプラトンの考えに反論します。すべて動くものは他のものに動かされた結果であり、魂が動くのであれば、魂は他のものに動かされているのであるとしています。すなわち、運動は動くものと動かされるものとの連鎖としてしか捉えられないというわけです。アリストテレスの論理に対して、堀田　彰は次のように解説しています。「Aの運動・Bの運動・Cの運動の全部が同時にこの同じ瞬間に起こっていて、それらすべてが一つの運動だと考える方がよかろう。……その一つにされた運動に対してそれを動かした動者があるはずである。もちろん、その動者は不動の動者のことではない。動くものとしてそれ自身も運動を受け入れている動者である」（堀田［29］一二四頁）。

私は、プラトンとアリストテレスの見解の相違は、動く魂をどの位置で捉えるかによって生ずるものと考えます。神は人を創造した際、「たましい」を付与されました。それはご自身の霊の受け皿としての機能を果たすためのものです。神は私たちの目には見えない霊のお方ですから、神と私たちの交わりの媒体は私たちの内に宿る、同じく目に見えない「たましい」でなければなりません。しかも、神の霊は多次元的ですから、私たちの「たましい」もその同一次元において実在が可能なものであるはずなのです。そうでなければ、神と私たちとの交わりは成立しません。

プラトンの議論は、神と人との交わりが断絶した状態での魂の動きを叙述したものと私は認識します。人間の魂は外界から影響を受けますが、外界から一切の刺激が絶たれた場合でも運動を続けるでしょう。特に神の霊と断絶した状況下では、専ら自我の発動に基づく運動となります。そうした意味から、魂は動きの源泉であり始原であるとプラトンは捉えたのだと推察されます。

神を頂点とする自然観に立つアリストテレスは、人間の魂と神の霊の交わりを念頭に置いた上で論じたものと私は捉えます。すなわち、神の霊が人の魂を動かし、魂の活動がそれへの応答として神を動かすというもので、それは神の摂理を通して現実となるのです。

次の聖句に目を留めて、この項を締めくくりましょう。


私たちは、見えるものにではなく、見えないものにこそ目を留めます。見えるものは一時的であり、見えないものはいつまでも続くからです。（「コリント人への手紙Ⅱ」第四章第一八節）

(3) 聖書が語る人間存在の意味

人は何処から来て、何処に向かっているのでしょうか。これはだれも答えることのできない問いであり、科学の対象から除外されるべきものとする考えが浮かぶでしょうが、聖書はこの問いに明確に応えています。ここでは聖書の応答を仮説（A）として設定し、何らかの矛盾や不合理が生ずるかどうかを帰納的手続きにより試行します。ですから、この議論の過程では、とりあえず聖書が神の霊感によって書かれたものであるという前提を取り外すことにします。これは科学的思考をする上での基本的条件ですから。さらに仮説（A）の対立仮説（B）を設け、両者の議論を比較します。ただし、このような分析では、結論は真であるとは断定できませんが、どちらの仮説が私たちの生にとって望ましいかを判断する材料を与えるものです。

（仮説A－1）人は神によって創造され、その存在は永遠にわたって続く。
（仮説A－2）人は地上での行いに応じて、神の正しいさばきを受け、「永遠の苦しみ（ハデス）」か「永遠のいのち（天国）」に向けて振り分けられる。
（仮説B）人は両親から生まれ、人生を終えれば無となり、すべてが消え去る。

まず、三つの仮説の意味するところを確認しておきましょう。神は「エデンの園」にアダムをご自身に似せて、地のちりで創造されました。そしてアダムのあばら骨の一つから女、エバを造り上げました（「創世記」第二章第二二節）。「エデンの園」は、永遠に神と共に生きることを可能にする世界でしたが、彼らは神から食べることを禁じられていた「善悪の木の実」をサタンの誘惑に負けて食べてしまったのです。この神への背きの罪（原罪）によって、人は「エデンの園」から追放され、肉体の死、産みの苦しみ（女）、食を得るための労苦が与えられることになったのです（「創世記」第三章一六節―第二三節）。

神が、人および人が生きていくために必要な天地万物を創造された目的は、次の聖句からうかがえます。


人とは、何者なのでしょう。あなたがこれを心に留められるとは。人の子とは、何者なのでしょう。あなたがこれを顧みられるとは。あなたは、人を、神よりいくらか劣るものとし、これに栄光と誉れの冠をかぶらせました。あなたの御手の多くのわざを人に治めさせ、万物を彼の足の下に置かれました。（「詩篇」第八篇第四節―第六節）

傍線部分から、神は人と人格や愛の交わりを持つことを願っておられたことが推察されるのです。神学的には、神は創造世界をご自身と共存せしめるような創造者としてご自身を定められた、すなわち創造は神の自己限定を意味する（モルトマン［39］九〇頁）ということになります。「神の自己限定」は、無限の神と有限世界の共存のために神がなされたことであり、恵みの第一の行為と見なされています。また私たちが「神よりいくらか劣るもの」として造られたということは、驚嘆せざるを得ません。

神は現在（七日目）創造のわざを休まれておられますが（摂理の働きは絶えずなされています）、第八日目に新たな創造がなされることが予告されています（「わたしは、もう一度、地だけではなく、天も揺り動かす」（「ヘブル人への手紙」第一二章第二六節））。そのときは、神の前に義とされた人たちだけが住む王国（神と人が永遠に交わり続け、死も苦しみもない第二の「エデンの園」）が建設されるのです。天国はこの王国が立ち上げられるまでの義人たちの仮の住まいなのです。どのようにして人が神の前に義とされるか、すなわち（仮説A－2）で、どうしたら天国に振り分けられるかという問題は次章に回します。

（仮説A）は、数千年の歴史を持つ聖書の中に明記され、今日多くの人々が信じ、受け入れている事項です。そこには一貫した論理（これも次章で詳述）があります。

それに対して（仮説B）は、いわゆる自称「無神論者」が信ずる事項で、彼らは「肉体の死後、神によるさばきを受けて再びこの世に戻った者はいないのだから、（仮説A）は単なる宗教的啓蒙にすぎない」と判断するでしょう。ところが聖書は、キリストは天から下った者だと断言しています（だれも天に上った者はいません。しかし天から下った者はいます。すなわち人の子です。（「ヨハネの福音書」第三章第一三節））。天から下った者であれば（仮説A）の真偽を知っているはずです。一方、数千年の歴史を伴って（仮説B）を支持する論理を展開している書物は、この世のどこにも見出すことはできません。

（仮説A）は、世人の道徳を奨励するために創作された神話なのでしょうか。現代地球物理学がこれまで蓄積してきた科学的成果に基づいて、人間の「たましい」がブラックホールからワームホールを抜けて影の宇宙（あるいは私たちの宇宙のある地点）のどこかに到達するという科学者の発想は、（仮説Ａ）を支持する根拠になるのではないでしょうか。少なくとも科学の世界から、聖書に基づく（仮説Ａ）の可能性が想定されたという事実は注目されるべきでしょう。

人類の最初の人間アダムは妻エバを与えられ、その後の子孫は神があらかじめ定められていた受精機能によって増えていったのです。しかし原罪は決して消えることなく、すべての人間に引き継がれて今日に至っているのです。罪とは神に逆らう心そのものです。この問題も次章で扱うことにします。

聖書が語る人間存在の意味（人の生きる目的）は、この地上において、神の栄光をほめたたえ、それを現わす者となることです。これはキリストにあって、「キリストのために生きること」の一語に尽きます。聖書は「だれでもキリストのうちにあるなら、その人は新しく造られた者です。古いものは過ぎ去って、見よ、すべてが新しくなりました。」（「コリント人への手紙Ⅱ」第五章第一七節）と宣言しています。「古いもの」とは、原罪を内に持った生まれながらの性質（神に逆らう性質）を意味しています。「新しく造られた者」とは、キリストの十字架の血による贖いによって罪から解放され、自由になった者のことです。本来、永遠の死に至るべき人が、キリストのゆえに代価なしで永遠のいのちを受け取ったとすれば、その人がキリストのために生きようとするのは自然の姿でしょう。具体的には、「神は、みこころのままに、あなたがたのうちに働いて志を立てさせ、事を行なわせてくださるのです。」（「ピリピ人への手紙」第二章第一三節）とあるように、自分に与えられた賜物を十分に発揮するべく、仕事において、他者との交わりにおいて、その他あらゆる行動において努めることです。そうすることが「何をするにも、ただ神の栄光を現わすためにしなさい。」（「コリント人への手紙Ⅰ」第一〇章第三一節）という神の命令を守ることになります。「神の栄光を現わす」とは、キリストの福音にふさわしく生活し、キリストの香りを周囲に放つことなのです。神はすべての人と和解し、人格と愛の交わりを求めておられるのですから、すべての人の生きる目的もそこに向けられるべきです。

第5章

信仰への道

第1節　なにゆえ多数の宗教が生まれたか

あらゆる生物の中で、人間だけが神の存在を認知し、礼拝する能力を具えています。それは信仰という形で現われ、人間の精神世界に根づき、経験構造の一部をなしています。人が苦境に置かれ、さまざまな苦難に遭遇する時、人間以外の何ものかにより頼む、ないしは願望する心を抱くでしょう。これが宗教を求めるきっかけの一つになっていることは明らかです。

（1）三大宗教の類似点と相違点

世界には三大宗教と呼ばれるキリスト教（約二〇億人）、イスラム教（約一三億人）、仏教（約三・六億人）の他、きわめて多数の宗教が存在しています。

イスラム教は、七世紀初頭、ムハンマド（マホメット：五七〇―六三二年）によって開かれました。彼が誕生した六世紀末のアラビア社会は、遊牧生活から商業生活への過渡期に当たっていました。遊牧社会での人々の生活は、部族の結合を土台として営まれていましたが、商業の発展に伴ってその結合が弱体化し、新興富裕商人の権力が強まっていました。こうした時代にムハンマドは、クライシュ族の名門ハーシム家に生まれたのです。生前に父を、六歳の時母を失い、孤児として幼少期を過ごしました。二五歳の時、富裕商人の未亡人ハディージャ（当時四〇歳）と結婚します。ムハンマドが四〇歳の頃、メッカ近くの洞窟に籠って祈祷していた時、神の啓示を受けたと伝えられています。それ以後、彼は預言者（神の使徒）と自覚し、イスラム教を立ち上げていきます。彼は人々に「アラーこそ唯一神であり、神は凝血から人間を造り、世界の創造主である。この神を信じ、善行を積んで終末と神の審判に備えるべきである。」と説き、これを信じる者は死後永遠の平安を得るが、信じない者は永遠の苦しみが待っていると告げたのです。

六三二年、ムハンマドはメッカのカーバ神殿で病死しましたが、その後、彼の後継者アブー・バルクがザイード・イブン・サービットに命じてムハンマドによる預言を収集・編纂に当たらせ、イスラム教の教典『コーラン』が成立したのです。『コーラン』は、アラビア語で書かれ一一四章からなります。その内容は唯一神アラー、最後の審判、人が行うべき道徳、さらには神学、礼拝、断食、巡礼など人間の生き方について記されています。

仏教は、インドの古代宗教ブラフマン教を背景として、紀元前五世紀頃ゴータマ・ブッダによって開かれました。ブラフマン教では、人間の霊魂は「輪廻」により永遠に生まれかわるとされ、人々は来世への幸福な転生を願うようになりました。しかしながら転生後もまた次の死が待っていますから、霊魂が輪廻から解放されること、すなわち「解脱《げだつ》」が重要な問題になったのです。

こうした背景の下、ブッダはカピラ国（シャカ族）の王子として生まれました。彼は、一六歳でヤショーダラーと結婚し、ラーフラ（男児）をもうけます。ブッダは国王になるためのさまざまな教養を学ぶ一方で、人生について思い悩むようになり、妻子・父母を捨て、城を出て修行の道に入ります。その結果、いかなる物やいかなる考えにも捕われず、また考えないことにも捕われない境地に達します。さらに山林に籠って苦行（一日に一粒の米と一粒のゴマを食べるだけ）の後、ある菩提樹の下で二一日間の瞑想に入ったのです。そこでブッダは、解脱の境地を得ることになります。人生は苦に満ちた「一切皆苦」の世界であり、そこから解放されるためには苦の原因である「心の迷い」、「煩悩《ぼんのう》」、「欲望」を取り除くことであるとされます。そのためには「正しい実践」、すなわち「八正道（正しく見、正しく考え、正しく話し、正しく行動し、正しく生活し、正しく努力し、正しく思いめぐらし、心を正しく置く）」が必要であるとされるのです。

仏教の基本的考え方は、「無我」、「輪廻」、「仏性」、「修行」です。「我」はブラフマン教では、輪廻の主体である霊魂と見なされていますが、仏教では「無我」が強調され、「我」の存在が否定されます。「無我」の境地に到達することによって解脱への道を歩むこと、すなわち輪廻転生に終止符を打つことだとされるのです。「仏性」と「修行」は仏教思想にとって重要です。「仏性」とは、すべての人にとって必要な「悟り（成仏）」を意味しています。それを得るためには、「修行」を積むことであるとされます。人間は煩悩のために「仏性」が隠されており、修行によってその煩悩のベールを取り除くことが必要であるとされるのです。ブッダは病のためクシナーラー村にある二本の沙羅の木のもとで死を迎えました。

仏教の宇宙観に「須弥山説《しゅみせんせつ》」があります。これは、インドの地勢（中央にヒマラヤにあたる須弥山があり、その周りに日月諸惑星がめぐる）に起源する天動地平説です。須弥山とその周りの七金山、および鉄囲山《てっちせん》を合わせて九山といい、その各山の間に海を挟んで九山八海の宇宙を構成するというものです（「日本大百科全書」による）。このように仏教では、イスラム教やキリスト教とは異なり、神による天地創造については語られません。

イスラム教とキリスト教では、共に唯一絶対なる神の存在、および人間を含む万物の神による創造を前提とし、人間の救いについての教えが説かれるのですが、仏教では悟りに至る道が説かれます。そして悟りを得るためには、厳しい修行が必要とされるのです。

イスラム教、および仏教の二宗教とキリスト教の決定的な違いは、ムハンマドやブッダが人間であったのに対して、キリストは人間であると同時に神であったという点です。キリストが乙女マリヤから生まれたことは、聖書に「（キリストの）母マリヤはヨセフの妻と決まっていたが、ふたりがまだいっしょにならないうちに、聖霊によって身重になったことがわかった。（「マタイの福音書」第一章第一八節）」と明記されています。

次に重要な相違点は、生涯において一度も罪を犯さなかったキリストの血が、人類の罪の贖いのために十字架上で流されたということです。旧約の時代には、贖罪は動物（羊や牛）の血によってなされましたが、新約の時代において神の御子キリストの血による贖罪が実現したのです。原罪を持って生まれた人間の血では、人間の罪は贖われません。聖霊によって身ごもり生まれた神の御子キリストの血でなければならなかったのです。このような宗教は他に類を見ません。

(2) 魔術と宗教

聖書は、この世界には神がなさるわざ(奇蹟)以外に、人々を驚かせる魔術が存在すると語っています。サマリヤの町にシモンという魔術を行う者がいました。彼は魔術によって人々を驚かし、自分は偉大な者であると話していました。使徒たち(ペテロとヨハネ)がサマリヤの人たちの上に手を置くと聖霊が与えられたことを見たシモンは、使徒たちに金を払ってその権威を得ようとしました。シモンのその行動についてペテロは、「あなたの金は、あなたとともに滅びるがよい。あなたは金で神の賜物を手に入れようと思っているからです。……この悪事を悔い改めて、主に祈りなさい。」(「使徒の働き」第八章第二〇節—第二二節)と忠告します。

同じく「使徒の働き」第一三章第六節—一一節には、偽預言者で魔術師バルイエスのことが記されています。彼は、神のことばを聞きたいと思っていたある賢明な地方総督を信仰から遠ざけようとしていました。使徒パウロは、彼を「悪魔の子、すべての正義の敵」と呼び、しばらくの間、日の光を見ることができなくなるだろうと告げましたが、実際そのようになったのです。この出来事を見ていた総督は信仰の道に入りました。

旧約聖書「出エジプト記」（第七章第一〇節―一二節）では、アロンがエジプトの王パロとその家臣たちの前に自分の杖を投げると蛇になったことが記されています。これは、事前に神から命じられていたことであり、神のわざの顕れです。それに対してパロは自国の呪術師たちを呼び寄せ、各々に杖を投げさせるとやはり蛇になったのですが、これは呪法師たちの秘術によるもので、神のわざではありません。アロンの蛇はエジプトの秘術によって現われた蛇をすべて飲み込んでしまうのです。

現代においても、超自然的力を持った人が現われています。例えば、人の病とその原因・治療方法を言い当て、その通りに実行することによって病が完治するというような場合です。そのような力は神から授けられたものだと理解され、その能力の持ち主が教祖となって宗教が立ち上げられる例は少なくありません。あるいは教祖自身を「生き神様」として神格化するケースすらあります。しかしながら聖書は、超自然的力は必ずしも神から出ているものではないことを告げています。

私たち人間の心は弱く、特に逆境に立たされたときには超自然的力を神格化し、それに依存して心の安らぎを求めようとするものです。これが多数の宗教を生み出した一つの大きな要因であると考えられます。

（3）宗教多元主義とその問題点

宗教多元主義の考え方は、一つの仮説です。この仮説の前提は、宗教を自我中心から実在中心へと自らの存在を変革させていく営為として認識する点です。ここではジョン・ヒックの宗教多元主義の概要（ヒック［25］）を述べ、彼の言う「キリスト教の包括主義」について考えます。

ヒックによれば宗教による救いは、自我中心から実在中心への人間的生の現実的変革であるという点において、あらゆる宗教に共通しているとされます。それは、宗教ごとに異なる形態をとって現われてくるというのです。すなわち、神の啓示には多元性があり、救われる側の人間の応答形式にも多元性が認められるというわけです。ヒックは以下のように論じます。

偉大な宗教的伝統はどれも、われわれが日常的に経験する社会的・自然的世界に加えて、われわれを超え出たところに、あるいはわれわれの内面の奥深くに、限りなく偉大で、高度な実在が存在するということ、そしてまたその実在に関係して、あるいはその実在に向けて、われわれの至高善が存在するということを肯定する。……究極的に実在するもの、究極的に価値あるものは一者であり、この一者に対して全面的に自分を捧げることが、われわれの究極的な救い・解放・悟り・完成なのである。

どの伝統も、この神的実在がわれわれの言語と思考をはるかに超えたものであることに気づいている。それはわれわれの有限な思考や経験の領域を超え出て、無限であり、永遠であり、そして限りなく豊かなのである。（ヒック［25］七八頁）

すなわち実在者そのものは一者ですが、その一者がさまざまな仕方で人間に経験され得るものだとヒックは主張するのです。一者とは、キリスト教では創造し、贖罪し、聖化する永遠の神であり、イスラム教では唯一神アラー、仏教では久遠の宇宙的仏性であり、無限の空性でもある法身を意味します。

キリスト教についてヒックは、「人間に対する神の赦しと受容は、キリストの十字架上での死によって可能とされ、この犠牲により与えられる恩寵は、信仰という明示的行為をもってこれに応える人々だけに限定されず、キリストが何ゆえ十字架上で死んだのかを知らない人に対しても注がれている」とし、彼はこれをキリスト教の包括主義と呼びます。なぜキリスト教神学が、包括主義から多元主義に踏み出せないか、その理由は「三位一体論」にあるとヒックは言います。キリスト教が他の宗教と根本的に異なる点は、「人となった神」によってその教理基盤が形成されていることです。宗教多元主義の立場は、自己の信仰基準を容認することは、同時に他者の信仰基準をも容認することでなければならないという点にあります。ですから多元主義を拡張して考えますと、「救いは一者なる同じ神から与えられるのであるから、どんな宗教を信仰対象として選択しても大きな相違はない」ということになります。

宗教多元主義における最大の問題は、罪に対する認識の欠落にあると私は考えます。次節でこの問題について考えましょう。

第2節　信仰とは何か

（1）罪とは何か

神は私たちをご自身のかたちに（「創世記」第一章第二四節）、そしてご自身よりいくらか劣るもの（「詩篇」第八編第五節）として創造されました。このことから、神はご自身と私たちとの人格的交わりや愛の交わりを願っておられるのだと私たちは知るのです。一般に、人格を持った二主体のどちらか一方に自由な意志の働きが欠除していたとすれば、両者の間に人格的交わりや愛の交わりは成立しません。そこで神は私たちに自由意志を与えられたのです。ですから、創造主なる神の実在を無視して生きることも私たちにとって可能です。罪とは、神なしとして生きる生き方それ自体を指しているのです。したがって「信仰から出ていないことは、みな罪です（「ローマ人への手紙」第一四章第二三節）」ということになります。世の中には道徳的に優れた人物が多数いますが、聖書の基準に照らしたとき、その人たちに罪がないとは言えません。すなわち「義人はいない。ひとりもいない（「ローマ人への手紙」第三章第一〇節）。」のです。

旧約聖書の中に律法の書（モーセ五書）「創世記」、「出エジプト記」、「レビ記」、「民数記」、「申命記」があります。これは神が人に与えた訓戒です。律法の中で大切な戒めは、次の二点であるとキリストは人々に告げました（「マタイの福音書」第二二章第三七節—第三九節）。

［Ⅰ］心を尽くし、思いを尽くし、知力を尽くして、あなたの神である主を愛せよ。
［Ⅱ］あなたの隣人をあなた自身のように愛せよ。

（注）ほぼ同様な聖句が、「マルコの福音書」（第一二章第三〇節―第三一節）にもあります。本書第2章第1節（1）参照

そこで自らの努力によって律法を守り、神の目から義とされようと考える人々が出てきました。ところが、人が律法を守ろうとすればすれほど行動が伴わず、自らの罪が増し加わる状況が生じるのです。私は以前、信仰から出ていないことは、すべて罪であるという聖句に驚嘆すると同時に、違和感を持ったことを記憶しています。そのとき、罪とは何か、じっくり考えましたが、その答えはやはり聖書の中にありました。少し長くなりますが、以下に抜粋して掲げます。

律法によらないでは、私は罪を知ることがなかったでしょう。律法が、「むさぼってはならない。」と言わなかったら、私はむさぼりを知らなかったでしょう。しかし、罪はこの戒めによって機会を捕え、私のうちにあらゆるむさぼりを引き起こしました。律法がなければ、罪は死んだものです。

私はかつて律法なしに生きていましたが、戒めが来たときに、罪が生き、私は死にました。それで私には、いのちに導くはずのこの戒めが、かえって死に導くものであることが、わかりました。それは、戒めによって機会を捕えた罪が私を欺き、戒めによって私を殺したからです。ですから、律法は聖なるものであり、戒めも聖であり、正しく、また良いものです。……罪は、この良いもので私に死をもたらすことによって、罪として明らかにされ、戒めによって、極度に罪深いものとなりました。

私たちは、律法が霊的なものであることを知っています。しかし、私は罪ある人間であり、売られて罪の下にある者です。……私は、自分でしたいと思う善を行なわないで、かえって、したくない悪を行なっています。もし私が自分でしたくないことをしているのであれば、それを行なっているのは、もはや私ではなくて、私のうちに住む罪です。そういうわけで、私は、善をしたいと願っているのですが、その私に悪が宿っているという原理を見いだすのです。

（「ローマ人への手紙」第七章第七節―第二三節）

律法は何が罪であるかを私たちに知らせてくれますが、私たちは弱さのゆえに、この世の誘惑に勝てず、律法に反して悪と思うことをやってしまうのです。聖書はさまざまなところ（「コリント人への手紙」（第六章第九節―第一〇節）、「ローマ人への手紙」（第一三章第一三節）、「テモテへの手紙Ⅱ」

（第三章第二節―第五節）などで、罪によって陥る具体的項目を挙げています。それは次のようなものです。

①不品行、②偶像礼拝、③姦淫（好色）、④盗み・略奪、⑤貪欲（むさぼり）、⑥遊興、⑦酩酊、⑧争い、⑨ねたみ、⑩自分を愛する、⑪金を愛する、⑫大言壮語する、⑬不遜、⑭神をけがす、⑮両親に従わない、⑯感謝することを知らない、⑰情け知らず、⑱和解しない、⑲そしる、⑳節制がない、㉑粗暴、㉒善を好まない、㉓裏切る、㉔向こう見ず、㉕慢心、㉖神より快楽を愛する

これらの律法に逆らう結果生じる事態のどれをとっても、信仰から出たものは一つもありません。

一方、律法には先に掲げたように、「あなたの隣人をあなた自身のように愛せよ。」という重要な戒めがあります。聖書はこの一語によって、律法の全体が全うされる（「ガラテヤ人への手紙」第五章第一四節）としています。この戒めの下では、㉗寛容、㉘親切、㉙人をねたまない、㉚自慢しない、㉛高慢にならない、㉜礼儀に反することをしない、㉝自分の利益を求めない、㉞怒らない、㉟人のした悪を思わない、㊱不正を喜ばず真理を喜ぶ、㊲すべてをがまんする、㊳すべてを信じ、㊴すべてを期待し、㊵すべてを耐え忍ぶ（「コリント人への手紙Ⅰ」第一三章第四節―第七節）ようになると聖書は語っています。

私たちは、律法を自分自身の努力や訓練によって守ることは不可能であることを知ります。ここで次のような疑問を持たれる方がおられるでしょう。㊲から㊵を実行したならば、現代社会では「自己

がボロボロになり、とても生きていけない」と。しかし、そのような心配には及びません。信仰についての理解と体験が深まっていく過程で、聖霊の導きがあるからです。

(2) 罪がもたらす結果(i)

罪とは神を拒む心そのものであり、その結果、律法に逆らうさまざまな行為が生まれます。高い道徳を身につけた人々と、そうでない人々の違いは律法を守る程度に差が生ずるにすぎません。「罪を犯さない人間はひとりもいない(「列王記I」第八章第四六節)」のです。私たちの人生において罪をそのまま放置していた場合、どのような結末が待っているのでしょうか。

いま順風満帆な人生を送っている人のケースを想定しましょう。彼は衣食住に事欠くことなく、家族もみな健康で、それぞれの仕事に励んでいるとしましょう。彼自身道徳的に優れた人物であり、社会的信頼を受けています。彼には神を求める心が起こりません。しかし、いずれ彼は罪を帯びたままの姿でこの世を去っていきます。この場合、聖書はどのように語っているのでしょうか。「コリント人への手紙」(第五章第一〇節)では、「私たちはみな、キリストのさばきの座に現われて、善であれ悪であれ、各自その肉体にあってした行為に応じて報いを受けることになる」こと、さらに「ローマ人への手紙」(第六章第二三節)では、「罪から来る報酬は死です」と記されています。「死」とは「たましい」の永遠の滅びを意味します。これに関連して「ルカの福音書」(第一六章第一九節—第三一節)

に、キリストがパリサイ人たちに語られた話が載っていますので、以下にその内容を要約します。

紫の衣や細布を着て、日々贅沢な暮らしをしていた金持ちがいました。その門前にラザロという全身おできの貧乏人が寝ていて、金持ちの食卓の残り物で空腹を満たそうとしていました。この貧乏人は死に、御使いたちによってアブラハムのふところに連れていかれました。そのうち金持ちも死を迎えましたが、彼の行場所はハデスでした。彼が目を上げるとアブラハムのふところにいるラザロが見えました。彼はアブラハムに「父アブラハムさま。私をあわれんでください。ラザロが指先を水に浸して私の舌を冷やすように、ラザロをよこしてください。私はこの炎の中で、苦しくてたまりません。」と叫びましたが、アブラハムはそれに対して「子よ。思い出してみなさい。おまえは生きている間、良い物を受け、ラザロは生きている間、悪い物を受けていました。しかし、今ここで彼は慰められ、おまえは苦しみもだえているのです。そればかりでなく、私たちとおまえたちの間には、大きな淵があります。ここからそちらへ渡ろうとしても、渡れないし、そこからこちらへ越えて来ることもできないのです。」と応答します。そこで金持ちであった人は、自分の兄弟五人が死後にこんな苦しいところに来ないようラザロを家に送って言い聞かせてほしいとアブラハムに懇願します。アブラハムは、「彼らには、モーセと預言者があります。その言うことを聞くべきです。」と応えます。しかし金持ちであった人は、「だれか死んだ者の中から、彼らのところに行ってやったら、彼らは悔い改めるに違いありません。」と返すのですが、アブラハムは、モーセと預言者の教えに耳を傾けないならば、だれが死人の中から生き返って悔い改めを説得したとしても、彼らは聞き入れない、と断言するのです。

キリストは、例えを用いて話されることが多く、この話も（ラザロという実名が挙げられてはいますが）その可能性があります。しかしキリストは天から下られたお方ですから、傍線部分については真実です。

この金持ちは罪を悔い改めることなく（救いを得ることなく）世を去り、神のさばきに遇ったのですが、話の中から推察できる範囲では、⑤、⑥、⑦、⑩、⑪、⑯、⑰、⑳、㉕、㉖に該当する罪に問われたと思われます。

人が罪を持ったまま世を去ったときの結末は、この話だけでは終わりません。

（3）罪がもたらす結果（ii）

本書第3章第4節で天地は滅びること、しかもそれは科学的にも理に適っていることが述べられました。ここではそれがどのような意味を持つかを聖書に沿って確認し、私たちにとって罪がいかに重大な問題であるかを認識したいと思います。

「ヘブル人への手紙」（第一二章第二六節―第二七節）に、「あのとき（創造のとき）は、その声が地を揺り動かしましたが、このたびは（キリストの再臨のとき）約束をもって、こう言われます。『わたしは、もう一度、地だけではなく、天も揺り動かす。』この『もう一度』ということばは、決して揺り動かされることのないものが残るために、すべての造られた、揺り動かされるものが取り除かれることを示しています。」、さらに「マタイの福音書」（第一六章第二八節）には「人の子（イエス・キリスト）が御国とともに来る。」と記されています。紀元前に書かれた旧約聖書「エレミヤ書」（第四章第二三節―第二五節）には、「私が地を見ると、見よ、形もなく、何もなく、天を見ても、そこには光もない。山々を見ると、見よ、揺れ動き、すべての丘は震えていた。私が見ると、見よ、人間はひとりもいない。空の鳥もみな飛び去った。」とあり、創造とは逆のわざ、すなわち世界の没落の様子が描写されています。ここで注目すべきは、傍線部分「決して揺り動かされることのないもの」と「御国とともに来る」です。この二つの言葉は、キリストの再臨とともに「新天地」が創造されることを示しており、同じものを指しています。八日目の創造のわざがなされ、このとき、神が天地万物と人間を創造した目的の完成を見るのです。

キリストが天から最初に下って来られた目的は、世に真理を伝えること、およびすべての人の罪を、ご自分の命をもって贖うことでした。十字架上で死を迎える直前、キリストは贖罪の目的を果たし、

「完了した」と宣言しました。そして三日目に復活し、弟子たちによみがえりの身体で現われた後、天に上り、父なる神の右に座し、私たちの悔い改めを待ち望んでおられるのです。

キリストの再臨の目的は、世界の罪を完全に破壊し、新世界を創造することです。この一連の流れは人知を超えた壮大なものですが、明確な論理に貫かれています。そこで以下の聖書箇所（本章末に記載）「マタイの福音書」（第二五章第三一節―第四六節）、「ヨハネの福音書」（第五章第一九節―第三二節）、「コリント人への手紙Ⅰ」（第六章第一四節）、「テサロニケ人への手紙Ⅰ」（第四章第一四節―第一七節）、および「ペテロの手紙Ⅱ」（第三章第三節―第一三節）に基づいて、その一貫した論理を追ってみましょう。

まず神がキリストをよみがえらせたこと、そしてその神の力によって私たちも肉体の死後、いずれ（キリストの再臨のとき）よみがえることを大前提とします。これは到底、現在の私たちには受け入れ難く、想像を絶することかもしれませんが、宇宙創成の驚異を思うとき、非科学的だとして拒否することはできません。これは聖書信仰の核心部分であり、復活の確信なき信仰はあり得ません。復活の身体は異次元世界の物質によって組成されていると考えられ、永遠にいのちがつながれていきます。それは同時に私たちと神との親しい交わりの世界でもあるのです。

上記五つの聖書箇所の記述から、再臨と復活に関して二つの原理が導出されます。それは、（A）「父・子・聖霊の原理」、（B）「救い・滅び・愛の原理」です。

（A）父・子・聖霊の原理

父が行う通りに子も行い、子は自分からは何事も行うことができません。子は自分の望むことを求めず父のみこころだけを求めます。父が死者を生かし、いのちを与えるように、子もまた与えたいと思う者にいのちを与えます。また父はだれをもさばかず、すべてのさばきを子に委ねられます。しかし、子は父のみこころだけを行ないますから、子のなさるさばきは、父のみこころに適っています。

私たちはこのような父と子の関係、および子の語る真理の言葉について聖霊の働きを通して理解します。聖霊は神と人とのパイプ役を担っていて、聖霊の働きがなければ、聖書は単なる言葉として私たちの記憶にとどまるだけです。

（B）救い・滅び・愛の原理

キリストが再び天から下って来られる日（主の日）には、キリストにある死者が初めによみがえり、次に生き残っている者たちが彼らと共に一挙に雲の中に引き上げられ、空中でキリストと出会います。そして善を行なった者はいのちを受け、悪を行なった者はさばかれ、永遠の滅びに至るのです。「善を行なった者」とは、キリストにあって悔い改め、救いを得た者であり、「悪を行なった者」とは、罪を放置した不敬虔な者のことです。この日には天は大きな響きと共に消え失せ、天の万象は焼けて崩れ去り、地は焼き尽くされます。この有様は、現代科学が想定している赤色巨星化した太陽によってもたらされる状況と完全に一致します。

神は義人だけを永遠のいのちと共に新天地に招き入れます。そうでなければ神と人との交わりはなりません。ですから神はすべての人に永遠のいのちを得させるべく、忍耐強く悔い改めの時を待っておられるのです。主の日を遅らせているのではありません。

人の罪が贖われ、人が義とされるために、なぜ罪のないキリストの血が流されなければならなかったのでしょうか。それは、罪ある血では罪を清めることができないからです。汚物を汚水で洗ってもきれいにならないのと同じ原理です。旧約の時代には、山羊と子牛の血によって贖罪がなされました。預言者エレミヤを通して神は、人間の子どもたちを全焼のいけにえとすることについて、「わたしが命じたこともなく、語ったこともなく、思いつきもしなかったことだ」（「エレミヤ書」第一九章第五節）と語っています。人間の罪を「完全無欠」なかたちで贖うためには、完全な神であり完全な人であられたキリストの血でなければならなかったのです。私たち人間の罪はそれほど重大なものであるのです。私が宗教多元主義の考え方に同意できない根本的理由はここにあるのです。

次の聖句に、神の愛に根差した「救いの原理」が集約されています。

御子イエスの血はすべての罪から私たちをきよめます。……もし、私たちが自分の罪を言い表わすなら、神は真実で正しい方ですから、その罪を赦し、すべての悪から私たちをきよめて

くださいます。（「ヨハネの手紙Ⅰ」第一章第七節―第九節）

（4）罪がもたらす結果（iii）

先に示した、神がもたらす結果（i）、（ii）は私たちが地上を去った後の話ですが、罪は地上で生を営んでいるときにも悲劇をもたらすことが多々あります。人間の歴史は争いの歴史である、と言っても過言ではないでしょう。現代世界においても国と国、民族と民族の争いが絶えません。その結果、何百万人もの難民が、国を追われ流浪の旅を続けています。

国際社会のみならず国内においても、地域、職場、家庭で罪に起因するさまざまな問題が露呈しています。日本では自殺者が年間三〇〇〇〇人を超え、深刻な問題になっています。金銭欲、名誉欲、情欲、ギャンブル、過度な飲酒によって当事者のみならず、その家族を巻き添えにして悲惨な結末を迎えたケースは枚挙に暇がありません。

一方で、自らの価値観を他者に強要することから起こるトラブルも日常茶飯事です。この場合に問題となるのは、強要する側の価値観の背後にその人の欲求ないしは願望が潜むケースです。これは自己中心という罪であり、さまざまな形で現われ人間関係を不毛にします。

（5）神の愛と傷み

ヨセフとマリヤは婚約関係にありましたが、処女マリヤの胎に聖霊が宿り、身重になりました。ヨセフは彼女をさらし者にしたくなかったので、内密に自分のもとから去らせようとしました。その時、主の使いがヨセフの夢に現われ、「恐れないであなたの妻マリヤを迎えなさい。その胎に宿っているものは聖霊によるのです。マリヤは男の子を産みます。その名をイエスとつけなさい。この方こそ、ご自分の民をその罪から救ってくださる方です（「マタイの福音書」第一章第二〇節―第二一節）。」という声を聞いたのです。ヨセフは正しい人であり、信仰に立って主の使いの言葉通りに行動しました。

イエスはヘロデ王の時代に、ユダヤのベツレヘムで誕生しました。イエスがユダヤ人の王として生まれたとする東方の博士たちの言葉を聞き、ヘロデ王は恐れ、惑いました。そしてベツレヘムとその周辺に住む二歳以下の男児を残らず殺害したのです。しかし、事前に主の使いがヨセフに現われ、幼子とその母を連れてエジプトに逃げるように導かれていました。ヘロデ王の死後、主の使いが再びヨセフに現われ、幼子とその母を連れてエジプトからイスラエルの地に向かうよう示されます。しかしヘロデの子、アケラオがユダヤを統治していると聞いたヨセフは、夢で戒めを受け、ガリラヤのナザレという町に移り住むことになったのです。これら一連の動きは、旧約の時代に預言者によって語られており、イエスの誕生を通して預言が成就したのです。

ユダヤ人の王として、そして救い主として天から下ったイエス・キリストは真理を説き、数々の奇蹟をなし、人々から主として崇められ、その教えが広まっていきます。一方、自分たちとは全く異なる教えを説く者への嫉妬から、イエスを殺そうとするユダヤの指導的立場にいる者たち（祭司長、律法学者や民の長老たち）が現われました。こうしてその生涯において一度も罪を犯したことがないキリストが、十字架にかかり血を流されたのです。

キリストが十字架上で死を遂げる七〇〇年ほど前、預言者イザヤによってこの事実が語られています。

彼には、私たちが見とれるような姿もなく、輝きもなく、私たちが慕うような見ばえもない。彼はさげすまれ、人々からのけ者にされ、悲しみの人で病を知っていた。人が顔をそむけるほどさげすまれ、私たちも彼を尊ばなかった。

まことに、彼は私たちの病を負い、私たちの痛みをになった。だが、私たちは思った。彼は罰せられ、神に打たれ、苦しめられたのだと。しかし、彼は、私たちのそむきの罪のために刺し通され、私たちの咎のために砕かれた。彼への懲らしめが私たちに平安をもたらし、彼の打ち傷によって、私たちはいやされた。私たちはみな、羊のようにさまよい、おのおの、自分かってな道に向かって行った。しかし、主は、私たちのすべての咎を彼に負わせた。

彼は痛めつけられた。彼は苦しんだが、口を開かない。……しいたげと、さばきによって、彼は取り去られた。彼の時代の者で、だれが思ったことだろう。彼がわたしの民のそむきの罪のために打たれ、生ける者の地から絶たれたことを。……
しかし、彼を砕いて、痛めることは主のみこころであった。（「イザヤ書」第五三章第二節―第一〇節 抜粋）

全く罪のないお方が、人類のすべての罪を背負い、罪の塊となって死んでくださったという事実は、私たちの想像をはるかに超えた神の知恵であり、愛であるとしか言いようがありません。イエスの苦しみは、十字架による肉的な苦痛もさることながら、人類の罪を一手に負うことから生ずるところの想像を絶する苦しみであったと思われます。聖書は、「わたしは悲しみのあまり死ぬほどです（「マタイの福音書」第二六章第三八節）。」および「『父よ。みこころならば、この杯をわたしから取りのけてください。しかし、わたしの願いではなく、みこころのとおりにしてください。』……イエスは、苦しみもだえて、いよいよ切に祈られた。汗が血のしずくのように地に落ちた（「ルカの福音書」第二二章第四二節―第四四節）。」と記述しています。

キリストは「私たちのそむきの罪のために刺し通され」、「彼の打ち傷によって、私たちはいやされた」にもかかわらず、私たちは「自分かってな道に向かって」行くような存在なのです。それでも「彼を砕いて、痛めることは主のみこころであった」とされています。この父なる神の傷みは、いかばかりであったでしょうか。

私のはらわた、私のはらわた。
私は痛み苦しむ。私の心臓の壁よ。
私の心は高鳴り、
私はもう、黙っていられない。
（「エレミヤ書」第四章第一九節）

この聖句は、前後関係からすれば、エレミヤが神の審判の厳しさを見て、心臓が破裂しそうな思いを語ったものですが、私は御子キリストの苦しみを察した父なる神の傷み・苦しみが預言者エレミヤを通して発せられたものと読み解きます。預言者は神と一体となって語るのですから、この箇所については、（私）＝（父なる神）と解釈できるのです。

今一つ忘れてならないのは、ヨセフの信仰と人間マリヤの傷み・苦しみです。聖霊によって身重になったと

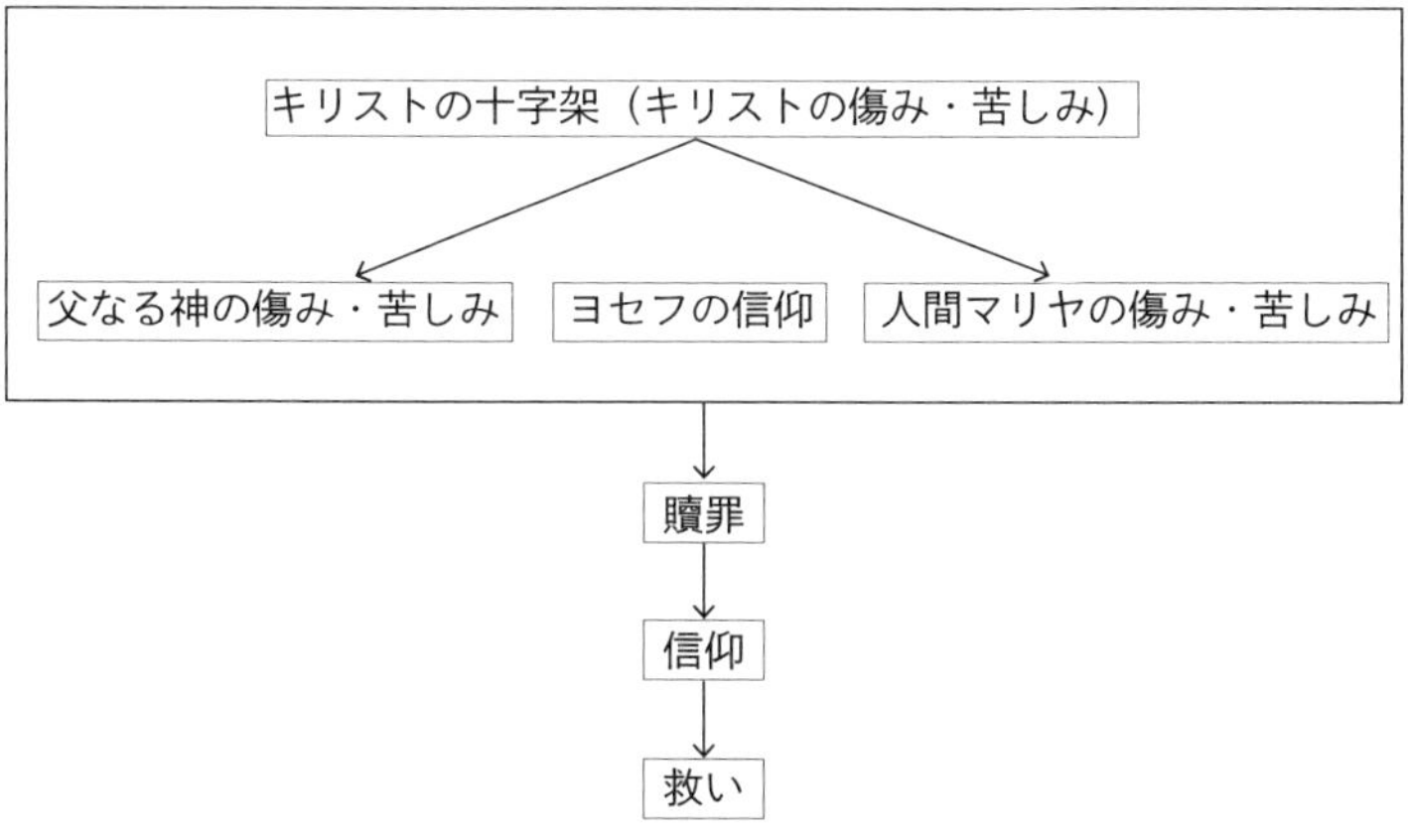

図４　救いの原理

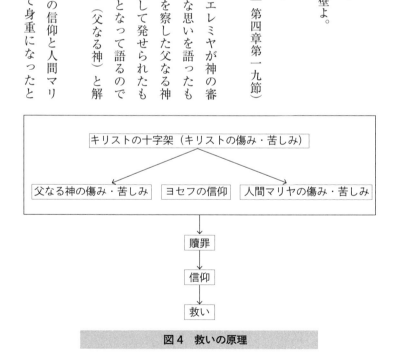

はいえ、自らの腹を痛めて産んだイエスの十字架による死を見ることは、耐え難い苦しみであったと想像されます。**図4**に示されるように、私たちの救いは、その背後に大きな犠牲を伴っているのです。御子イエスの血によって、すべての人の贖罪が「完了した」のです。この愛（アガペーの愛）を超える愛を人類史上で見出すことができるでしょうか。

(6) 信仰とは何か

信仰について、聖書は次のように語っています。

信仰は望んでいる事がらを保証し、目に見えないものを確信させるものです。……信仰によって、私たちは、この世界が神のことばで造られたことを悟り、したがって、見えるものが目に見えるものからできたのではないことを悟るのです。……神に近づく者は、神がおられることと、神を求める者には報いてくださる方であることとを、信じなければならないのです。……

① 信仰によって、アブラハムは、相続財産として受け取るべき地に出て行けとの召しを受けたとき、これに従い、どこに行くのかを知らないで、出て行きました

② 信仰によって、サラも、すでにその年を過ぎた身であるのに、子を宿す力を与えられました。彼女は約束してくださった方を真実な方と考えたからです。

③信仰によって、アブラハムは、試みられたときイサクをささげました。彼は約束を与えられていましたが、自分のただひとりの子をささげたのです。

④信仰によって、モーセは成人したとき、パロの娘の子と呼ばれることを拒み、はかない罪の楽しみを受けるよりは、むしろ神の民とともに苦しむことを選びました。

（「ヘブル人への手紙」第一一章第一節—第二五節 抜粋）

信仰とは、神がおられること、および神を求める者には報いて下さる方であること、すなわち神は実存し、絶えず摂理をもって私たちに臨んでいて下さると信ずることです。その結果として、この世界が神のことばで造られたこと、および目に見えないものの存在を確信することができるのです。目に見えるものはいずれ滅びます。これは現代科学も否定していません。

神は霊のお方ですから、その姿を私たちの目で見ることはできませんが、被造物を通して、聖書を通して、摂理の働きを通してご自分を啓示されます。ここで私たちは、キリストが人となって地上に降りて下さった事実を思うとき、筆舌に尽くし難い感動を覚えるのです。それは奇蹟の中の奇蹟です。本来霊のお方が、私たちの目で見ることができる人間の姿になって下さったからです。キリストは今、復活の体で父なる神の右に着座しておられますが、天に昇る直前に「わたしは、世の終わりまで、いつも、あなたがたとともにいます（「マタイの福音書」第二八章第二〇節）。」と語られたように、現在、キリストの御霊が私たちを導いておられるのです。

いかに時が過ぎようと、世界に何が起きようと、キリストは私たちと同じ人間であられ、人類初の復活者であり、永遠のお方として実存しているのです。「神は主をよみがえらせましたが、その御力によって私たちをもよみがえらせてくださいます（「コリント人への手紙Ⅰ」第六章第一四節）。」、さらに、キリストご自身が「わたしの父のみこころは、子を見て信じる者がみな永遠のいのちを持つことです。わたしはその人たちをひとりひとり終わりの日によみがえらせます（「ヨハネの福音書」第六章第四〇節）。」と語っていますが、キリストを信ずる者にとって、この二つの力ある言葉は大きな喜びであり、希望なのです。

信仰の父と呼ばれたアブラハムは、神の命令にそのまま従い、どこに行くのか知らないままに出て行きました（前掲①）。彼は、堅い基礎の上に建てられた都を待ち望み、それが実現すると信じて行動したのです。

アブラハムの妻サラは適齢期に子を産むことができませんでした。しかし神は、アブラハムに空の星、海の砂ほど多くの子孫を与えると約束しておられました。サラは約束された方が真実な方であると考えていました。そして不可能と思われる時期に、子を宿す力が与えられ（前掲②）、イサクを産んだのです。

神はアブラハムの信仰を試みようとして、息子イサクを生けにえとしてささげよと命じます（前掲

③）。アブラハムは苦しみましたが、数えきれないほど多くの子孫を自分に与えるとする神の約束の下にイサクを授かったことを確信し、「イサクは死んでも生きる」という復活信仰に立って行動しようとしたのです。もちろん神は、アブラハムの握る刃がイサクに触れる寸前に、その行為を止めました。

このような復活信仰は、ヨブも経験しています。彼は潔白で正しく、神を恐れ、悪から遠ざかっている人物でした。また、彼には七人の息子と三人の娘がおり、多数の羊、らくだ、牛、ろば、そして多くのしもべを持った東の人々の中で一番の富豪でした。神はサタンを通してヨブを試み、彼は息子、娘たちと財産のすべてを失いました。そのときヨブは上着を引き裂き、頭をそり、地にひれ伏して「主は与え、主は取られる。主の御名はほむべきかな（「ヨブ記」第一章第二一節）。」と祈り、神に愚痴をこぼしませんでした。さらに、彼の足の裏から頭の頂まで、悪性の腫物が襲います。妻からは「神をのろって死になさい」と言われましたが、それでもなおヨブの信仰は衰えませんでした。そしてついに彼は、「私の皮が、このようにはぎとられて後、私は、私の肉から神を見る。この方を私は自分自身で見る。私の目がこれを見る。ほかの者の目ではない（「ヨブ記」第一九章第二六節―第二七節）。」と叫び、復活信仰に立ったのです。

モーセは、イスラエルの民（レビ人）の子としてエジプトで生まれました。当時、イスラエル人は多産で、おびただしく増え、かつ強かったので、エジプトの王パロは将来を恐れ、イスラエルの子について「生まれた男の子はみな、ナイルに投げ込まなければならない。」と自分の民に命じました。

モーセは生後三か月間、母親によって隠されていましたが、隠しきれなくなった母親は子をかごに入れ、ナイルの岸にある葦の茂みの中に置いたのです。その子の姉は、どうなるか心配になって遠くから様子をうかがっていました。そして水浴びに来ていたパロの娘の目がその子にとまったのです。パロの娘はその子の姉の紹介で、うば（その子の母）を雇います。こうしてその子はうばによって育てられ、大きくなった後パロの娘に渡されました。その子はモーセと名づけられ、王女の息子になったのです。成人したモーセはこの事実を知りました。そして彼は、エジプトの王女の息子として栄華を楽しむよりも、神の民とともに苦しむことを選び取ったのです（前掲④）。

（7）信仰はどのようにして与えられるか

（7）－1　神の発する信号

前項（6）では、旧約聖書の中に現われる人物のうち、アブラハム、ヨブ、モーセの信仰を取り上げましたが、いずれも自らの訓練や修行を通して、あのような信仰に至ったのではありません。私たちの内に宿る「たましい」に神を求める動き、すなわち「たましいの覚醒」が起こったときが信仰のスタートラインなのです。前項でも触れましたが、以下の三つの信号を、神は私たちの「たましい」に絶えず送り続けています。

（A）被造物を通しての語りかけ

（B）聖書のことば
（C）摂理の働き

どのような場合にも、信仰が与えられるためには「きっかけ」があります。宗教書を読んで、ということもあるかもしれませんが、私も含めて多くの場合、集会案内のチラシや知人の誘いなどから聖書の話を聞く機会が持たれたのだと思います。それが「きっかけ」となって続けて集会に集うようになるか、一回限りで終わるかは、その人の意志によって決まります。ですが、神は三つの信号を私たちに発信し続けていますから、一〇年後、二〇年後に（A）、（B）、（C）のうちいずれか、あるいは二つ、あるいはすべての信号を受け止め、信仰の道に入る人もいるでしょう。

一九二七年にノーベル物理学賞を受賞したアーサー・ホリーコンプトン（一八九二－一九六二年）は「秩序正しく広がっている宇宙は、『初めに神が天と地とを創造した』（「創世記」第一章第一節）という、もっとも荘厳なことばの真実さを証明する。」と述べています（http//www.sam.hi-ho.ne.jp/Pisgah/myweb/bible.htm より（2016/5/16））。彼は（A）を通して信仰が与えられ、（B）に励み、日々の生活の中で（C）を体験したからこそ、この言葉を残したのだと考えられます。また彼は「天は神の栄光を語り告げ、大空は御手のわざを告げ知らせる（「詩篇」第一九篇第一節）。」という聖句に自己の研究対象を通して共鳴していたはずです。

一方、哲学の分野からも同様なことが起こっています。プラトンが「神は天地の創造主であり、知識の光、善の源泉、われわれの存在の源泉、教えの真理、生命の冠である。」と説いたことについて、アウグスティヌスは、哲学的思考を通して聖書を知らずして聖書の真理に接近していたプラトン哲学を高く評価しました（村上陽一郎「自然哲学と魔術」岩波講座［5］一二三九頁）。プラトンは紀元前四二七―三四七年の哲学者であり、ギリシャ語の旧約聖書は未だ出ていなかったのです。それにもかかわらず、プラトンがキリストの教えに近づいたことは、彼が（A）および（C）の信号を彼の思考過程においてキャッチしていたからだと考えざるを得ません。

（7）－2　救いとは何か

聖書は、私たちが「キリストは神の御子であり、その十字架上で流された血潮によって自分の罪が赦される」と信ずることによってのみ救われるのであり、律法によっては救われないと教えています。すなわち「主の御名を呼び求める者は、だれでも救われる（「ローマ人への手紙」第一〇章第一三節）」のです。「主の御名を呼び求める」とは、キリストの血の贖いを信じ、キリストと共に、そしてキリストのために生きようとする決意から自ずと発せられる心の動きです。そこに至る過程で必ずなされていることがあります。それは「救いに至る悔い改め（「コリント人への手紙Ⅱ」第七章第一〇節）」です。後悔ではありません。自分の罪がキリストを十字架にかけたという強い意識に立脚した悔い改めです。逆に、自分の救いは、全人類分の一にすぎないという意識構造に陥ると恵みは拡散し、希薄化します。

十字架の血が流されなければ、確実に自分は滅びに向かうという事実だけに目を止めるべきです。実際に、間違いなくそうなのですから。「ひとりの罪人が悔い改めるなら、神の御使いたちに喜びがわき起こる（「ルカの福音書」第一五章第一〇節）」と聖書は私たちに語っています。

「救い」とは、私たちの生が永遠の滅びから永遠のいのちに変換されることです。ここで重要なことは、救われた人にとっては永遠のいのちへの道が開かれたのですが、今このとき、すでに自分はその道を歩き始めているという確信があることです。復活に向かって大胆に一歩を踏み出したという確信です。「見よ。わたしは手のひらにあなたを刻んだ（「イザヤ書」第四九章第一六節）」とあるのは、永遠のいのちに向けて歩いている人の全存在が、神の御手に刻まれたことを示しています。

それでは地上における私たちの人生は、救いによってどういうことになるのでしょうか。これは第3節で考えることにしましょう。

(7)-3　真理が貫かれる装置

キリストは地上での生涯において、さまざまな奇蹟をなされました。水を上質のぶどう酒に変える、いちじくの木を枯らす、わずかなパンと魚で五〇〇〇人の空腹を満たす、生まれながらの盲人の目を開く、悪霊を追い出す、死者をよみがえらせる等々です。それらすべてはキリストご自身の意識の内でなされました。

ところが「マルコの福音書」(第五章第二五節―第三四節)に「長血をわずらう女」の記事がありますが、これはキリストの意識の外で、キリストによる癒しが実現したことを示しています。

一二年間長血をわずらっている女がいました。この人は直りたい一心で多くの医者を転々としましたが、直ることはありませんでした。その結果、自分の持ち物をすべて使い果たしてしまいました。イエスのことを耳にした彼女は、群衆の中に紛れ込み、「お着物にさわることでもできれば、きっと直る。」と信じ、イエスの背後からイエスの着物にさわったのです。すると即座に血の源が枯れて、ひどい痛みが直ったことをからだに感じたのです。イエスもすぐに、自分の内から力が外に出て行ったことに気づいて、「だれがわたしの着物にさわったのですか。」と問われました。弟子たちは、群衆がイエスに押し迫っている中で、着物にさわった人をなぜイエスが探そうとしているのか疑問を持ちました。彼らは、イエスの意識の外で、このわざがなされたことに気づかなかったからです。女は恐れおののき、イエスに一部始終を話します。イエスは彼女に「娘よ。あなたの信仰があなたを直したのです。安心して帰りなさい。病気にかからず、すこやかでいなさい。」と言葉をかけられたのです。

この出来事は、私たちにきわめて大切なメッセージを投げかけています。この女が、信仰なしにイエスの衣に触れたとしたら癒されなかったでしょう。「必ず直る」というイエスに対する信仰が、長年苦しんで来た彼女の病を癒したのです。しかもイエスが直接手を加えなくとも、そのわざがなされたのです。これは、イエスを信ずる確かな信仰こそ、真理が貫かれる装置であることを示しています。

ここに私たちは、神のわざがなされる原理を見るのです。

(7)-4 「罪即義」は矛盾であるか

ここでは本書第2章第1節(2)-3で、小田垣[6]によって提起された「罪即義という福音主義的信仰は、完全というような静止した状態になることはない。なぜなら罪即義とは矛盾であり、矛盾は常に流動的であるから。」という問題について考えましょう。罪即義とは、罪は一瞬にして義とされ、完全な形でとどまるという信仰上の立場を表現した言葉です。**図5**は、人の目と神の目を便宜上ビジュアル化して示したものです。領域A、B、Cはそれぞれ、人の目、人と神の共通の目、神の目、を表しています。領域Aはまだ神を信じていない人の目を表し、領域Bはキリストを信じている人で、神からの知恵が被造物、聖書、摂理の働きを通して与えられている人の目を、領域Cは人知を超えた神の目を表します。信仰者にとって、聖書は神の

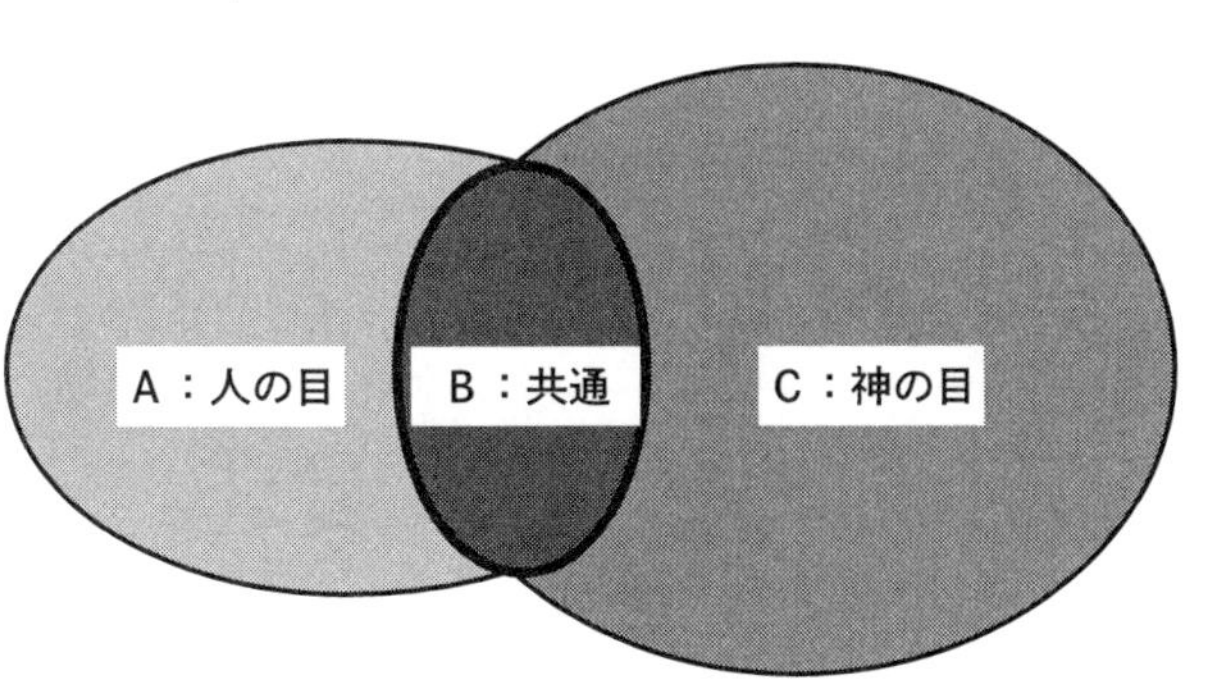

図5　人の目と神の目

霊感によって書かれたものであると確信していますから、聖書の内容は領域（B）に属します。ただし、聖書には「人の目にはまっすぐに見える道がある。その道の終わりは死の道である（「箴言」第一六章第二五節）。」など、領域（A）に関わる言葉も少なからず出てきます。

神の愛と恵みは無限であり、私たちには計り知れません。ですから聖書は、神の恵みの一部が私たちに理解できる範囲で示されている書物だと考えるべきです。例えばキリストの再臨の時期、復活の身体組成、新天地の具体的有様などは、私たちの想像をはるかに超えた神の知恵によるものであり、（C）領域に属します。

一方、聖書の叙述には、形式上三つの側面

（X）神から人へのメッセージ

（Y）神ご自身の宣言

（Z）両者の共通部分

があります。これらは前述したA、B、Cの区分に対応するものではありませんが、私たちが聖書の言葉を受け取るときの一つの基準になります。

以下、「ヨハネの手紙Ⅰ」（第一章第七節―第一〇節）を取り上げ、それに基づいて小田垣の議論を考えてみましょう。

もし神が光の中におられるように、私たちも光の中を歩んでいるなら、私たちは互いに交わり（キリストおよび父なる神と私たちとの交わり）を保ち、（a_1）御子イエスの血はすべての罪から私たちをきよめます。

もし、（b_1）罪はないと言うなら、私たちは自分を欺いており、真理は私たちのうちにありません。

もし、（a_2）私たちが自分の罪を言い表わすなら、神は真実で正しい方ですから、その罪を赦し、すべての悪から私たちをきよめてくださいます。

もし、（b_2）罪を犯してはいないと言うなら、私たちは神を偽り者とするのです。神のみことばは私たちのうちにありません。

傍線部分（a_1）、（a_2）は、共に領域（X）に、そしてもちろん、領域（B）に属します。（a_1）、（a_2）と（b_1）、（b_2）は互いに矛盾しているように見えますが、次のように理解できます。（a_1）、（a_2）はキリストの血の絶大な力の結果を示しており、神の目（領域C）からして完全に義とされると語っているのです。私たちがどのように言おうと、それは絶対であり、少しの矛盾も存在しません。しかしながら、私たちが（C）の領域から出た言葉（a_1）、（a_2）をそのまま受け取り、「罪はない、罪を犯してはいない」と言うとき、その瞬間、私たちは領域（A）に移っているのです。罪即義の矛盾は、このとき成立します。すなわち領域（A）と（B）の間に揺らぎが生ずるのです。静止状態は保たれません。

ところが、信仰者が（a_1）、（a_2）を人知では計り知れない領域（C）から出た恵みであると確信し、自らのすべてをその領域の主人である神に委ね続けたとき、罪即義の静止状態を実現することができるのです。一切の矛盾はこの時点でありません。信仰者のこの状態こそ、キリストを内に宿す姿なのです。キリストの御霊が、信仰者にこの静止状態を実現させているのです。私たちがいかに訓練し、努力しても、この静止状態は与えられることはなく、ましてや保つことなどできません。ですから静止状態にある人が、「私は完全にされた」と他者に告げたその瞬間に、領域（A）に移っているのです。自らの「完全」は、密室での祈りの中で、神との深い交わりの中でのみ知るのです。この状態は、祈る信仰者と神との「世界に一つしかない」関係を創出しているのです。このとき、砂粒ほどの小さな人の祈りが、広大な宇宙に響き渡るのです。

第3節　信仰によって何が変わるか

（1）祈りの喜びと平安

ここでは以下に掲げる①―⑪の聖句を通して、信仰によって私たちの人生に何がもたらされるかを考えましょう。

（注）第4章第2節（3）と重複する聖句⑨、⑪も改めて載せています。

①真理はあなたがたを自由にします。（「ヨハネの福音書」第八章第三二節）

②わたしの目には、あなたは高価で尊い。わたしはあなたを愛している。（「イザヤ書」第四三章第四節）

③神は愛です。愛のうちにいる者は神のうちにおり、神もその人のうちにおられます。（「ヨハネの福音書」第四章第一六節）

④父がわたしの名によってお遣わしになる聖霊は、あなたがたにすべてのことを教え、またわたしがあなたがたに話したすべてのことを思い起こさせてくださいます。（「ヨハネの福音書」第一四章第二六節）

⑤どんなことでも、地上で心を一つにして祈るなら、天におられるわたしの父は、それをかなえてくださいます。（「マタイの福音書」第一八章第一九節）

⑥絶えず祈りなさい。すべての事に感謝しなさい。（「テサロニケ人への手紙Ⅰ」第五章第一七節―第一八節）

⑦少しも疑わずに、信じて願いなさい。（「ヤコブの手紙」第一章第六節―第八節）

⑧神のみこころのことは、神の御霊のほかにはだれも知りません。……私たちは、神の御霊を受けました。それは、恵みによって神から私たちに賜ったものを、私たちが知るためです。（「コリント人への手紙Ⅰ」第二章第一一節―第一二節）

⑨神は、みこころのままに、あなたがたのうちに働いて志を立てさせ、事を行なわせてくださるのです。（「ピリピ人への手紙」第二章第一三節）

⑩私たちにすべての物を豊かに与えて楽しませてくださる神に望みを置くように。（「テモテへの手紙Ⅰ」第六章第一七節）

⑪あなたがたは、食べるにも、飲むにも、何をするにも、ただ神の栄光を現わすためにしなさい。（「コリント人への手紙Ⅰ」第一〇章第三一節）

人が自らの罪を悔い改め、救いにあずかった瞬間、罪から解放され自由を得ます（①）。これは今までに味わったことのない喜びと清々しさをもたらすものです。この救いはキリストの流された血によって実現したこと、そしてキリストの御霊が絶えず注がれていることを確信したとき、キリストとの交わりを持ち続けたいという願望が生まれるのです。

たった一人の人の悔い改めによって、天が喜びの声を上げるほど、神は私たちを愛されているのです（②）。この愛は半端ではありません。神は、私たちの罪を贖うために、いけにえとして山羊や子牛ではなく、ご自身の御子キリストを犠牲にしてくださったのです。それほど罪は重大であることを私たちは知るべきです。

聖句③に心を置くとき、神の命令を守ることが神を愛することだと認識できます。神の命令とは、本書第5章第2節（1）でも述べましたが、心を尽くし、思いを尽くし、知力を尽くして主を愛すること、隣人を自分自身のように愛するということです。ただし、この後者の命令を機械的に実行したとしますと、その人の生活は破壊されてしまうでしょう。

隣人愛は、聖霊の導き（④）に従って私たちの行為を通してなされる（間接的な）神のわざの顕れなのです。聖霊の導きなしに行動することは危険です。具体的には、聖霊は聖書の言葉を通して私たちのたましいに語りかけられます。ですから、敬虔な信仰者は、聖書を日々熱心に読むのです。

信仰者にとって、祈りは呼吸ほどに重要です。祈りは神との交わりですから、密室での祈りはもちろんのこと、道を歩きながら、人と接しながら、職場で仕事をしながら祈ることもできます（⑥）。その場合、祈るというより、神との会話をすると言った方が適切かもしれません。「心を一つにして祈る（⑤）」とは、みこころに適った切実な祈りであると同時に、「必ず応えてくださる」という確信ある祈り（⑦）を意味します。

神のみこころは、御霊を通して私たちに知らされます。神はすべての人に、例外なしにそれぞれ賜物が与えられています。それが何かは、御霊が私たちに教えてくださいます（⑧）。神は、みこころのままに、私たちのうちに働いて志を立てさせ、事を行なわせてくださるのです（⑨）から、私たちは自らの人生を主に委ねていけばよいのです。

このときに私たちの内から生まれるエネルギーは、甚大です。「主のために働く」、「主の命令に従う」という行為は決して苦痛ではなく、必要なものや知恵が豊かに与えられ、充実した日々が実現します（⑩）。

「今ある私は主の恵みによってある」という信仰からは、自慢や傲慢の心は生まれません。すべての行動は、神の栄光を顕すためになされるのです（⑪）。キリストにある信仰者は、天地万物の創造者との絶えざる交わり（祈り）の喜びを持ち、どのような苦難の中にあっても平安な人生を過ごすことができるのです。

これまで数え切れない多くの人々が、そして多数の哲学者、科学者、政治家、学者が聖書を神の言葉として信じ、信仰に立った人生を送ってきたのです。イマヌエル・カントは「聖書の存在は、人類がかつて経験したうちで最も大きい恵みである。その価値を減らそうとするいかなる企ても、人類への罪悪となる。」、そしてW．E．グラッドストン（元英国首相）は「私はこの時代に、偉人と呼ばれる九五人の人を知っている。うち八七人は、聖書を奉ずる人であった。聖書の特色はその特異性にあり、他のあらゆる書物を無限に引き離している。」、さらにマハトマ・ガンジーは「私の生涯に最も深い影響を与えた書物は聖書である。」と述べています。

（いずれも http//www.sam.hi-ho.ne.jp/Pisgah/myweb/bible.htm による。(2016/5/16)）

（2）苦難の中での確信

（2）―1　ジョージ・ミュラーの信仰

一九世紀における信仰の人を一人挙げるとすれば、私は即座にジョージ・ミュラー（一八〇五―一八九八年）の名を思い浮かべます。

（注）以下は、(http://blog.livedoor.jp/isaiah6113/archives/1254668.html (2016/5/22)）に掲載された記述を参考にしています。

ミュラーの父親は公務員でしたが酒飲みであり、決して良好とは言えない家庭環境の下に彼は育ちました。少年期には賭博をはじめ多くの非行に走り、何度となく警察の厄介になるような生活でした。自分はキリストを信じている者なのに、どうしてこんな悪にはまっているいるのか、なぜ改めることができないのかと考えていたそうです。ある時、牧師から「悪癖は一瞬に直すことはできないが、そのような者にも神様は、一度神の子とした人を決して見捨てない。たゆまず罪と戦いなさい。」と諭され、彼はその瞬間改心したと後に語っています。彼の悟りは、厳しい修行を通して勝ち取ったのではなく、牧師の言葉によって聖霊が彼の「たましい」に臨んだからなのです。改心後、ミュラーは毎朝四時に起き、祈りながら自らの罪と戦いました。

ミュラーが一九歳の時、敬虔主義運動の先駆となっていたハレ大学に入学し、神学を学ぶことになります。卒業後、彼はイギリスに渡り、しばらく牧会を続けますが、一八三四年、ブリストルに移り教会を開拓します。そこで彼は、孤児たちの収容施設「救貧院」での悲惨な実情（栄養失調や病気でやせ細った孤児たち）を目の当たりにして、孤児院を設立する決心をします。さらに彼は学校も設立し、運営することになります。周囲の人々からは、「孤児たちに食事をさせ寝かせなければならない状況下で、学校の運営まで手を出しているが、それで十分なことができるのか」という非難の声が起こりました。彼は祈りました。その時、「詩篇」（第八一篇第一〇節）「あなたの口を大きく開けよ。わたしが、それを満たそう。」の啓示が与えられ、「神様、私が孤児院を設立したのは偶然な事ではなく、神様が親しく私の心に与えた願いであることを信じます。私はただあなたの種として働くだけです。」と告白するのです。

ミュラーに感銘を受けた人々は、孤児院運営の資金を用意するためバザーを開き、募金活動を提案しましたが、ミュラーはそれをきっぱりと断りました。まとまった資金で孤児院を運営するというのは神のみこころではない、と彼は祈りの中で感じていたのです。その都度必要な時、支援者からの献金と献品で運営していくのが神のみこころだと彼は信じたのです。孤児院と学校の運営は、神の命令であるのだから、祈るならば必ず神のわざが働くと信じたのです。まさに命がけの信仰です。

夕食後、明日の朝食用の小麦粉が底をつき、満たされるように祈らなければならないというような日々が続きました。ある暴風雨の朝、孤児院に食物は何も残っていませんでした。四〇〇人の孤児たちと空の食器を前にして座り、ミュラーが食事の祈りをし終えたその時、一台の馬車が孤児院の門を叩いたのです。馬車の荷台には、その朝に焼いたパンと新鮮な牛乳がたっぷり載っていました。近隣の工場で従業員たちのための野遊会用に注文されたパンと牛乳でしたが、天候不順でキャンセルされたために孤児院に送られてきたのです。こうした奇蹟的な食物供給が度々ありました。ミュラーは孤児院の経営を六五年間続けましたが、その間、神は次々と彼の祈りに応答し、必要なものが供給され続けたのです。

一八九八年三月九日、通常のように祈祷会に参加し、日常業務をこなしましたが、翌一〇日の早朝、彼は安らかに眠った状態で発見されました。短時間のうちに苦しまず、神はミュラーを天に引き上げられたのです。

彼の祈りは「必ず神は自分の祈りに応答してくださる」という確信に満ちたものでした。同時に、孤児院に付随する諸々の神の応答の背後には、ミュラーの「五万回の祈り」があったのです。ミュラーの祈りに応答された同じ神が、今、この時も生きておられるのです。

（2）－2　もはや私が生きているのではなく……

私たちが大きな患難に遭遇した時、ジョージ・ミュラーのように祈っては応えられ、また祈っては応えられるという信仰体験を持ちますと、神との交わりの喜びが起こります。この時、患難→忍耐→練られた品性→希望（「ローマ人への手紙」第五章第三節―第四節）の連鎖が生まれ、「患難さえも喜んでいます」（「ローマ人への手紙」第五章第三節）という信仰に立つことができると聖書は説いています。こうして信仰者は、「私はキリストとともに十字架につけられました。もはや私が生きているのではなく、キリストが私のうちに生きておられるのです。」（「ガラテヤ人への手紙」第二章第二〇節）という霊的覚醒に至るのです。

この聖句はキリストの血の贖いによって罪が赦され、神の目から義とされた「私」が存在しなくなることを述べているのではありません。この点に関して、アウグスティヌスは以下のように論じています。

精神は、自らが従うべき方の下に、また自らがそれより優っているものの上に秩序づけられること、つまり、自分が支配されるべきその方の下に、自らが支配すべきものの上に秩序づけられることを渇求していると私は信ずる。……精神はいかなる時といえども自己を愛さなかったことはなく、いかなる時といえども自己を認識しなかったことはなかったと知るであろう。

しかし、精神は自己と共に他のものを愛することによって、それと自己とを一体化し、またある意味でそれと共に大きくなっていく。このように、精神が多様なものを一つのものであるかのごとくに包括するとき、異なったものを一つのものであると精神は考えるようになるのである。そこで、精神は、自己を存在しないものとして認識してはならない。むしろ、存在するものとして認識するよう配慮しなければならない。

（プシュヴァーラ〔26〕上一二三―一二五頁）

アウグスティヌスが「精神」と表記している語は、「『私』のたましい」と言い換えることができます。また「自己」とは、「『私』のたましい」を内に持つ「私」の人格だと解釈できます。ですから「『私』のたましい」は、「私」の人格と共にキリストを愛し、キリストに愛されることによって、キリストの人格（御霊）と「私」の人格との一体化が実現するのです。このとき「『私』のたましい」は「私」の人格を存在しないものとして認識してはいません。「私」の人格は、キリストの人格の支配の下に置かれています。そして「『私』のたましい」は、それを至上の喜びとするのです。この霊的状態は、もはや私が生きているのではなく、キリストが私の内にいてくださり、キリストの支配の下で生きている私を、「『私』のたましい」は認知するのです。

参考聖句

「マタイの福音書」（第二五章第三一節―第四六節）

すべての国々の民が、その御前に集められます。彼は、羊飼いが羊と山羊とを分けるように、彼らをより分け、羊を自分の右に、山羊を左に置きます。

そうして、王は、その右にいる者たちに言います。「さあ、わたしの父に祝福された人たち。世の初めから、あなたがたのために備えられた御国を継ぎなさい。あなたがたは、わたしが空腹であったとき、わたしに食べる物を与え、わたしが渇いていたとき、わたしに飲ませ、わたしが旅人であったとき、わたしに宿を貸し、わたしが裸のとき、わたしに着る物を与え、わたしが病気をしたとき、わたしを見舞い、わたしが牢にいたとき、わたしをたずねてくれたからです。」

すると、その正しい人たちは、答えて言います。「主よ。いつ、私たちは、あなたが空腹なのを見て、食べる物を差し上げ、渇いておられるのを見て、飲ませてあげましたか。いつ、あなたが旅をしておられるときに、泊まらせてあげ、裸なのを見て、着る物を差し上げましたか。また、いつ、私たちは、あなたのご病気やあなたが牢におられるのを見て、おたずねしましたか。」

するると、王は彼らに答えて言います。「まことに、あなたがたに告げます。あなたがたが、これらのわたしの兄弟たち、しかも最も小さい者たちのひとりにしたのは、わたしにしたのです。」

それから、王はまた、その左にいる者たちに言います。「のろわれた者ども。わたしから離れて、悪魔とその使いたちのために用意された永遠の火にはいれ。おまえたちは、わたしが空腹であったとき、食べる物をくれず、渇いていたときにも飲ませず、わたしが旅人であったときにも泊まらせず、裸であったときにも着る物をくれず、病気のときや牢にいたときにもたずねてくれなかった。」

そのとき、彼らも答えて言います。「主よ。いつ、私たちは、あなたが空腹であり、渇き、旅をし、裸であり、病気をし、牢におられるのを見て、お世話をしなかったのでしょうか。」

すると、王は彼らに答えて言います。「まことに、おまえたちに告げます。おまえたちが、この最も小さい者たちのひとりにしなかったのは、わたしにしなかったのです。」

こうして、この人たちは永遠の刑罰にはいり、正しい人たちは永遠のいのちにはいるのです。

「ヨハネの福音書」（第五章第一九節―第三二節）
イエスは彼ら（ユダヤ人）に答えて言われた。「まことに、まことに、あなたがたに告げます。子は、父がしておられることを見て行なう以外には、自分からは何事も行なうことができません。

父がなさることは何でも、子も同様に行なうのです。それは、父が子を愛して、ご自分のなさることをみな、子にお示しになるからです。

また、これよりもさらに大きなわざを子に示されます。それは、あなたがたが驚き怪しむためです。父が死人を生かし、いのちをお与えになるように、子もまた、与えたいと思う者にいのちを与えます。

また、父はだれをもさばかず、すべてのさばきを子にゆだねられました。それは、すべての者が、父を敬うように子を敬うためです。子を敬わない者は、子を遣わした父をも敬いません。

まことに、まことに、あなたがたに告げます。わたしのことばを聞いて、わたしを遣わした方を信じる者は、永遠のいのちを持ち、さばきに会うことがなく、死からいのちに移っているのです。

まことに、まことに、あなたがたに告げます。死人が神の子の声を聞く時が来ます。今がその時です。そして、聞く者は生きるのです。それは、父がご自分のうちにいのちを持っておられるように、子にも、自分のうちにいのちを持つようにしてくださったからです。

また、父はさばきを行なう権を子に与えられました。子は人の子だからです。このことに驚いてはなりません。墓の中にいる者がみな、子の声を聞いて出て来る時が来ます。善を行なった者は、よみがえっていのちを受け、悪を行なった者は、よみがえってさばきを受けるのです。

わたしは、自分からは何事も行なうことができません。ただ聞くとおりにさばくのです。そして、わたしのさばきは正しいのです。わたし自身の望むことを求めず、わたしを遣わした方のみこころを求めるからです。もしわたしだけが自分のことを証言するのなら、わたしの証言は真実ではありません。

わたしについて証言する方がほかにあるのです。その方のわたしについて証言される証言が真実であることは、わたしが知っています。」

「コリント人への手紙Ⅰ」（第六章第一四節）

神は主をよみがえらせましたが、その御力によって私たちをもよみがえらせてくださいます。

「テサロニケ人への手紙Ⅰ」（第四章第一四節―第一七節）

私たちはイエスが死んで復活されたことを信じています。それならば、神はまたそのように、イエスにあって眠った人々をイエスといっしょに連れて来られるはずです。

私たちは主のみことばのとおりに言いますが、主が再び来られるときまで生き残っている私たちが、死んでいる人々に優先するようなことは決してありません。

主は、号令と、御使いのかしらの声と、神のラッパの響きのうちに、ご自身天から下って来られます。それからキリストにある死者が、まず初めによみがえり、次に、生き残っている私たちが、たちまち彼らといっしょに雲の中に一挙に引き上げられ、空中で主と会うのです。このようにして、私たちは、いつまでも主とともにいることになります。

「ペテロの手紙Ⅱ」（第三章三節―第一三節）

第一に、次のことを知っておきなさい。終わりの日に、あざける者どもがやって来てあざけり、自分たちの欲望に従って生活し、次のように言うでしょう。「キリストの来臨の約束はどこにあるのか。先祖たちが眠った時からこのかた、何事も創造の初めからのままではないか。」

こう言い張る彼らは、次のことを見落としています。すなわち、天は古い昔からあり、地は神のことばによって水から出て、水によって成ったのであって、当時の世界は、その水により、洪水におおわれて滅びました。しかし、今の天と地は、同じみことばによって、火に焼かれるためにとっておかれ、不敬虔な者どものさばきと滅びとの日まで、保たれているのです。

しかし、愛する人たち、あなたがたは、この一事を見落としてはいけません。すなわち、主の御前では、一日は千年のようであり、千年は一日のようです。主は、ある人たちがおそいと思っているように、その約束のことを遅らせておられるのではありません。かえって、あなたがたに対して忍耐深くあられるのであって、ひとりでも滅びることを望まず、すべての人が悔い改めに進むことを望んでおられるのです。

しかし、主の日は、盗人のようにやって来ます。その日には、天は大きな響きをたてて消えうせ、天の万象は焼けてくずれ去り、地と地のいろいろなわざは焼き尽くされます。

このように、これらのものはみな、くずれ落ちるものだとすれば、あなたがたは、どれほど聖い生き方をする敬虔な人でなければならないことでしょう。そのようにして、神の日の来るのを待ち望み、その日の来るのを早めなければなりません。その日が来れば、そのために、天は燃えくずれ、天の万象は焼け溶けてしまいます。

しかし、私たちは、神の約束に従って、正義の住む新しい天と新しい地を待ち望んでいます。

補足　旧約聖書の史実性について

旧約聖書は紀元前に古代ヘブライ語（一部アラム語）で記された書物ですが、その内容は現代に生きる私たちにとって新鮮な響きを感じさせます。ここに、時代を超えて多くの人々に読み継がれてきた理由があるのです。

一方で、聖書は信仰の書ですから、そのすべてが史実であるとは限りません。旧約聖書を考古学的基準に立って読んだ場合、多少なりとも疑問や矛盾と思われる箇所を見出すでしょう。考古学とは、遺物や遺構（住居跡、墓などの跡）に基づいて地層の重なり具合による年代確認（層位学）や遺物の型式の特徴・相違による研究（型式学）を通して、過去の人間活動の状況を把握しようとする学問です。私は考古学の成果を否定する者ではありませんが、かと言って絶対であると考えてもいません。長い地球の歴史において、何らかの地殻変動の結果、考古学上の錯誤をもたらす可能性があるからです。

一八九六年、イギリスの考古学者ピトリによってメルネプタハの葬祭殿で碑文（後に「イスラエル碑文」と呼称）が発見されました。メルネプタハはエジプト、ラメセス二世の後継者です。碑文には、このメルネプタハがカナンの地のイスラエル人を征服したと記されていたのです。現在、出エジプトを紀元前一二五〇年、イスラエルのカナン入りを紀元前一二一〇年とされていますが、「イスラエル碑文」から推定される年代は、出エジプトが紀元前一四四五年、カナン入りが紀元前一四〇五年、メルネプタハがイスラエルを征服したのが紀元前一二〇七年ということになります。

こうした年代的相違があったとしても信仰上の問題は生じませんが、ノアの方舟やモーセ出生に関するエピソードについては、いささか問題が生じますので、一信仰者として私の見解を述べておきます。以下で、両エピソードに関する記述は長谷川修一［24］を参考にしています。

シュメル人は楔形文字を使用し、紀元前三〇〇〇―二〇〇〇年に活躍していた民族です。彼らは粘土版に絵文字を用いて多くの記録を残しています（大英博物館蔵）。その中に洪水物語があります。シュメルの神々が人間を滅ぼすために洪水を起こしたこと、知恵の神エンキはジウスドラ王だけにこの洪水についての情報を知らせたこと、そして王は巨大な方舟を準備したという話が記されています。雨は七日七晩降り続き、王だけが生き残りました。そして彼は、神から永遠の命が与えられ、海の彼方にある「ディルムン」という地に住まわされたというものです。長谷川はこの遺物について次のように判断しています。

> ノアの方舟の物語は、一神教という枠組みの中でメソポタミアの洪水伝承を捉え直したもの、言うなれば「メソポタミアの洪水伝承の一神教バージョン」なのである。

もしそうだとすれば、洪水伝承に込められたメッセージの意味を、古代イスラエルの人々も認識し評価したことになる。しかし多神の登場する物語をそのまま自分たちの物語に取り込むことはできない。そこでそれを取り入れる際に、複数の神々の役割を聖書の唯一神に負わせ、それによって自分たち自身の物語へと見事に変容させたのであろう。

このように考えると、聖書のノアの方舟の物語と、メソポタミアの洪水伝説との文化史的つながりが見えてくる。

ノアの方舟の物語は、西アジアの人々が語り継いできた、普遍的なテーマを持つ洪水伝承の後継者と言えよう。また、その話が今日まで聖書の中の物語として私たちにまで伝わっているところに、聖書が全人類に果たしてきた大きな文化史的役割を見出すことができるだろう。

（長谷川［24］二一九頁）


ノアはアダムとエバから一〇代目に当たりますから、ジェームズ・アッシャー（一七世紀のアイルランドの神学者）の分析（アダムとエバの創造は紀元前四〇〇四年、ノアの時代はその一六五六年後だとされる）を踏襲しますと、ノアの洪水は紀元前二三四八年に起こったことになります。その場合には「創世記」の著者が、シュメル人の描いた洪水物語に何らかのヒントを得た可能性がありますから、上の長谷川の見解は傾聴に値します。しかし、たとえそうだとしても、ノアの洪水の事実が否定されたことにはなりません。ノアの洪水の後、シュメル人がそれを聞き伝えて自分たちの物語として描いたとも考えられるからです。私や何人かの神学者が考えているように、アダムとエバの創造年代がおよそ三万七千年前―四万九千年前であるとしますと、ノアの方舟はシュメル人の描いた洪水物語よりずっと前になりますから、いっそうその可能性が大きくなります。現在、アッシャーの分析結果は神学者の間では疑問視されています。

次に、モーセの出生に関するエピソードを考えます。紀元前三〇〇〇年（モーセ誕生の一〇〇〇年以上前）にメソポタミアの覇者となったアッカドのサルゴン大王についての物語がそれです。サルゴン王の母はエニトゥという女神官でしたが、何らかの理由で彼女はサルゴンを産んだ後、籠の中に入れ、川に投げ入れます。籠は水利人アッキに拾われ、アッキは自分の子としてサルゴンを養育したという話です。これについて長谷川は、「聖書の、筆者がこの話からインスピレーションを受けてモーセの生い立ちを描いたかどうか、はっきりとは断言できないが、その可能性は高そうだ。」（長谷川［24］四七頁）と述べています。けれども一方で、古代イスラエルはアッシリアやバビロニアとかなり密接な文化的交流をしていたとされていますから、サルゴンの物語を知っていたモーセの母が、切羽詰まってモーセを籠の中に入れ、川に流したとも考えられます。ですからサルゴン王と同様な結果を期待し、彼女はモーセの姉に籠の行方を見届けさせたのかもしれません。そのような推定も可能なのです。

旧約聖書に見られるさまざまな奇蹟、例えば「出エジプト記」（第一四章第一六節―第二一節）で、モーセが杖を上げ、手を海の上に差し伸ばすと海が割れるといった奇蹟は、現代の私たちには信じ難いでしょうが、八日目の創造のわざがなされる主の日には、さらに大きな奇蹟を私たちはこの目で見ることになるでしょう。執拗に史実性や現実妥当性を追い求めるあまり、聖書に潜む真理にベールをかけてしまう危険に注意すべきです。

あとがき

私はこれまで仕事の関係で、二〇代の若い世代から三〇代の大学院生、そして時には五〇代社会人（大学院博士課程）の院生と接する機会を持ってきました（平成二九年三月で、私は定年を迎えますが）。そうした幅広い世代との会話の中で私が抱いた印象は、人は「生の喜び」ではなく「生き甲斐」を求めているということです。目標を掲げ、その実現のために生きること、すなわち「自己実現」に向けた生き方にこそ充実感溢れる人生があると考えている人が圧倒的多数を占めていました。真面目に人生を考えている人たちだと感じました。

けれども一方で、全く別の世界観、人生観があること、それに関する知識を持つことだけでも意味があるのではないかと、私は彼らに問いかけるのです。しかし、信仰という言葉が出た途端に心が固くなり閉ざされてしまうのです。

本書は、科学を出発点として信仰に至るまでの一つの過程を提示したものです。本書を通して、「自己実現」の世界とは異なる世界が存在していることを、真面目に人生を送ろうとしている読者諸兄に伝えることができたとすれば、筆者のこの上なき喜びとするところです。

最後に、読後の所感やご意見、ご見解をメール（sshironagai@gmail.com）にてお寄せいただければ幸いです。

参考文献

[1] 赤澤 威編著『ネアンデルタール人の正体』（朝日新聞出版）二〇〇五年

[2] 市川定夫『環境学のすすめ』（上・下）（藤原書店）一九九四年

[3] 今西錦司『進化とは何か』講談社学術文庫 一九七六年

[4] 今西錦司『私の自然観』講談社学術文庫 一九七八年

[5] 岩波講座・宗教と科学四『宗教と自然科学』（岩波書店）一九九二年

[6] 小田垣雅也『キリスト教の歴史』講談社学術文庫 一九九五年

[7] Krings, M.et al. "Neandertal DNA Sequences and the Origin of Modern Humans", *Cell*, 90, 1997, pp.19–30.

[8] 佐藤勝彦監修『大宇宙七つの不思議』ＰＨＰ文庫 二〇〇五年

[9] 佐藤勝彦『相対性理論を楽しむ本』ＰＨＰ文庫 二〇〇九年

[10] エルウィン・シュレーディンガー『生命とは何か』岡小天他訳 岩波文庫 二〇〇八年

[11] Ｊ・Ａ・シュムペーター『資本主義・社会主義・民主主義』中山伊知郎他訳（東洋経済新報社）一九六二年

[12] 新改訳聖書刊行会『聖書（新改訳）』（日本聖書刊行会）

[13] Semendeferi, K.et al. "Humans and Great Apes Share a Large Frontal Cortex", *Nature Neuroscience*, 5, 2002, pp.272–276.

[14] 高田 純『環境思想を問う』（青木書店）二〇〇三年

[15] 武田龍精『宗教と科学のあいだ』（法蔵館）二〇〇三年
[16] チャールズ・ダーウィン『種の起源』（上・下）渡辺政隆訳 光文社古典新訳文庫 二〇〇九年
[17] 槌田 敦『CO_2温暖化説は間違っている』（ほたる出版）二〇〇六年
[18] 都築卓司『時間の不思議』講談社ブルーバックス 一九九一年
[19] 戸田山和久『科学的思考のレッスン』NHK出版新書 二〇一一年
[20] リチャード・ドーキンス『盲目の時計職人』日高敏隆監修、中嶋康裕他訳（早川書房）二〇〇四年
[21] 内藤玄一他『地球科学入門』（米田出版）二〇〇二年
[22] 中川人司監修『宇宙の秘密』ＰＨＰ文庫 二〇〇九年
[23] 永井四郎『市場経済と技術価値論』（麗澤大学出版会）二〇〇七年
[24] 長谷川修一『旧約聖書の謎』中公新書 二〇一四年
[25] ジョン・ヒック『宗教多元主義』（法蔵館）一九九〇年
[26] Ｅ・プシュヴァーラ『アウグスティヌス語録』（上・中・下）茂泉昭男訳（日本基督教団出版局）一九六九年
[27] ウイリアム・ヘルマンス『アインシュタイン、神を語る――ヘルスマンとの対話』（工作舎）二〇〇〇年
[28] Ｒ・Ｎ・ベラー『宗教と社会科学のあいだ』葛西 実他訳（未来社）一九七四年
[29] 堀田 彰『アリストテレス』（清水書院）二〇〇五年
[30] ジョン・フォージ『科学者の責任』佐藤 透他訳（産業図書）二〇一三年
[31] 丸山茂徳他『生命と地球の歴史』岩波新書 一九九八年

[32] アルフレッド・ノース・ホワイトヘッド『ホワイトヘッド著作集：第六巻』上田泰治他訳（松籟社）一九八一年
[33] アルフレッド・ノース・ホワイトヘッド『ホワイトヘッド著作集：第一〇巻』山本誠作訳（松籟社）一九八四年
[34] アルフレッド・ノース・ホワイトヘッド『ホワイトヘッド著作集：第一一巻』山本誠作訳（松籟社）一九八五年
[35] カール・ポパー『科学的発見の論理』大内義一他訳（恒星社厚生閣）一九七一年
[36] A・E・マクグラス『科学と宗教』稲垣久和他訳（教文館）二〇〇三年
[37] 三木 清『三木 清全集 第一五巻』（岩波書店）一九六七年
[38] 室田 武『エネルギーとエントロピーの経済学』東経選書 一九七九年
[39] J・モルトマン『科学と知恵』蓮見和男他訳（新教出版社）二〇〇七年
[40] ハンス・ヨナス『責任という原理』加藤尚武訳（東信堂）二〇〇〇年
[41] ヒュー・ロス『宇宙創造と時間』梶木明一他訳（いのちのことば社）一九九九年
[42] L.S. Whitfield, J.E. Sulston and N. Goodfellow. “Sequence variation of the human Y chromosome” *Nature*, Vol.378, 23, November 1995.

■著者紹介

永井　四郎（ながい　しろう）

1946年静岡県に生まれる。

関東学院大学大学院経済学研究科博士課程修了。経済学博士。

秋草学園短期大学専任講師を経て麗澤大学助教授、教授、同大学教務部長、図書館長を歴任。現在、麗澤大学経済学部および大学院経済研究科教授。専門は理論経済学。

主要著書（単著）『技術情報の経済学』（税務経理協会、1986年）、『応用現代経済学』（麗澤大学出版会、2000年）、『市場経済と技術価値論』（麗澤大学出版会、2007年）、『新環境政策原理』（麗澤大学出版会、2016年）など。

科学から信仰へ　──その必然性を探る──

2016年10月15日第1刷発行

著　者　永井　四郎　　© Shiro Nagai, 2016
発行者　池上　淳
発行所　　株式会社　**翔 雲 社**
〒620-0831　京都府福知山市岩崎54
TEL　0773-27-9824（代）
FAX　0773-27-9340
E-mail:info@shounsha.com
振込口座　00960-5-165501
ISBN　978-4-434-22523-9

発売元　　株式会社　**星 雲 社**
〒112-0005　東京都文京区水道1-3-30
TEL　03-3868-3275
FAX　03-3868-6588

印刷・製本　モリモト印刷株式会社　　Printed in Japan